Dem *Genuss* auf der Spur

Peter Simonischek · Achim Schneyder

Dem Genuss auf der Spur

Kulinarische Streifzüge
im Steirischen Weinland

Mit Fotos von
Kurt-Michael Westermann

:STYRIA

ISBN 978-3-222-13236-0

© 2008 by Styria Verlag in der
Verlagsgruppe Styria GmbH & Co KG
Wien · Graz · Klagenfurt
www.styriaverlag.at

Lektorat	Ernst Grabovszki
Buchgestaltung	Bruno Wegscheider
Produktion	Alfred Hoffmann
Reproduktion	Pixelstorm, Wien
Druck und Bindung	Druckerei Theiss GmbH St. Stefan im Lavanttal
	Printed in Austria

Inhalt

8   Der Schwammerlhund
12   Wie alles begann

In der Südsteiermark

16   Was lebt ihr so dumm?
20   Ein Huhn schreibt Geschichte
23   Ein kleines Weinlexikon
30   Im Zeichen des Zebu
36   Ganz ausgezeichnet
40   Kernkraft und Pizza
45   „Mahlzeit" statt „Prost" und auf zum Weinstock
51   Ein Wein mit Hut
53   Kurze Pause, warmes Schwein
60   Im Schatten einer Trauerweide
64   Alles rund ums Öl – es läuft wie geschmiert
68   Der steirische Whisky
72   Im Winzerzimmer
74   Papier ist nicht gleich Papier
77   Hoch hinauf zum Klapotetz
80   Salbeiwein und Korkenfrage
84   60 Jahre mit Verspätung oder: Wo wir nicht waren

In der Südoststeiermark

96	Der Schauspieler bittet zum Unterricht
102	Stelze ohne Senf und Schalke 04
106	Vom Winzer-Tischler und dem Barrique-Zufall
112	Wollschweine zu später Stund'
117	Ein sagenhafter Abend
123	Der Buschenschank als Missionsstation
127	Die Magie der Riegersburg
131	Eine süße Versuchung und Wasser statt Öl
135	Mittags-Traminer und Reben im Stress
142	Der Wirt mit dem größten Vogel
146	Krispels kulinarisches Schlaraffenland
151	Auf dem Rückweg
155	Olivin, der rote (Vor-)Reiter
160	Z'rücktrinken, Baumaufstellen und süßes Theater
169	Apfel XA, Paradeis-Essig oder: Wo wir nicht waren

In der Weststeiermark

176 Das Idyll von Sommereben
180 Nachhilfe in Sachen Schilcher
185 Der geschwänzte 1. Mai, Ligist, Hindernisse und die Ölspur
191 Von Stainz nach Eibiswald oder: Wo wir nicht waren
200 Augen zu und durch – es schließt sich der Kreis

204 Bildnachweis

LEGENDE

 Thermen
 Lipizzanergestüt
 Museum/Ausstellungsort
 Zugerlebnis
 Stifte und Klöster
 Schlösser

Themenstraßen
 Apfelstraße
 Weinstraßen

Radwege
 Alpentour
 Ölspur
 Murradweg
 Thermenlandradweg

Der Schwammerl-hund

In der Südsteiermark, dort, wo sich hinter jeder dritten Ecke einer der schönsten Flecken Erde verbirgt, lebte ein Förster. Der hatte keine Familie und nur wenige Freunde, dafür aber hatte er einen Hund. Und neben Wohnung und Wald war ein Buschenschank, ein uriger und ziemlich versteckter, sein drittes Zuhause. Ein kleiner, verwunschener Buschenschank auf einem dieser in die Landschaft gegossenen Hügel, die, je nach Jahreszeit und Sonnenstand, alle Farben dieser Welt spielen.

Wenn der Förster kam, und das passierte nahezu täglich, grüßte er freundlich, erzählte dem Wirten in wenigen Worten, was es zu erzählen gab, beantwortete so manche zusätzliche Frage und saß dann in sich versunken, aber mit der Welt zufrieden, in einem Winkel und leerte in aller Seelenruhe das eine oder andere Glas Wein. Leutselig war er selten, leutselig war nur sein Hund, ein Mischling.

Der Weinbauer, der diesen Buschenschank betrieb, brachte oft ungefragt etwas zum Kosten. Kalten Braten, harte Wurst. Er meinte es gut mit seinen nicht allzu vielen Gästen. So auch mit dem zugänglichen Vierbeiner, der im Wald nie von der Seite des Försters wich, hier aber stets zwischen den Tischen auf der Pirsch war. Meist fiel vom Schinken etwas ab für das Tier, das wusste der Förster und fand es in Ordnung.

Was er allerdings nicht wusste, und das wusste er als einziger nicht: Das Wasser für den Hund war seit Jahren gestreckt mit einem sehr guten Schluck vom Welschriesling. „Das kann nicht schaden", flüsterte der Winzer seiner Frau immer dann mit einem Augenzwinkern zu, wenn diese ihn beim Einschenken beobachtete und mit einem bemüht scharfen Blick bedeutete, das würde man doch nicht machen. Doch in Wahrheit tolerierte auch sie dieses unter den Stammgästen längst offene Geheimnis.

Eines Tages war der Förster tot. Er fuhr noch vor mit seinem Geländewagen, doch er stieg nicht mehr aus. Herzversagen wurde vom eilig herbeigerufenen Notarzt diagnostiziert, und nachdem der Leichnam abtransportiert war, schauten sie alle betroffen. Der Wirt, die Wirtin, die anderen Gäste. Und der Hund.

Ja, der Hund. Was tun mit dem geselligen Tier? Nie knurrte es, ging jedermann zu in der Buschenschank, gehörte ebenso zum Inventar wie der Förster bis noch vor wenigen Stunden. Man besprach sich bei einem Glas Wein. „Geht alles aufs Haus heut'", sagte der Wirt und schenkte nach. Ausnahmsweise auch dem Hund.

„Ich tät' ihn nehmen", sagte einer, der irgendwann wie aus dem Nichts gekommen und seither da war. Ein Mann mittleren Alters, von dem alle nur wussten, dass er sein Brot und seinen Wein mit Gelegenheitsarbeiten verdiente. Wo er wohnte, wusste keiner. Und wenn man über ihn sprach, fiel nie ein Name. Alle nannten ihn „Der Fremde". Auch dem Förster will er ab und zu zur Hand gegangen sein. Aber den Förster konnte man nicht mehr fragen. Und der Hund schien den Fremden zu mögen.

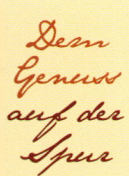

„Ja, nimm ihn", sagte der Wirt, obwohl ihm der Fremde wegen der Geschichten von Anfang an eigenartig erschien. Von wegen „Amerika" und „dort eine Firma aufgemacht". Andererseits: Zu Schulden kommen hat er sich nie etwas lassen, nur ab und zu anschreiben. Aber hie und da kein Geld zu haben, ist noch lange kein Verbrechen. Und als es auf Mitternacht zuging und an der Zeit war, zuzusperren, da machten sich alle auf den Weg. Der Wirt verstaute den Wagen des Försters fürs Erste hinter dem Haus – „Morgen sehen wir weiter." Und der Fremde schwang sich auf sein klappriges Fahrrad und pfiff dem Hund. Der folgte, als hätte ihm nie ein anderer gepfiffen.
Tags darauf traf man sich wie immer in dem Buschenschank. Und tags darauf wieder. Und auch die Tage danach. Nur der Fremde war wie vom Erdboden verschluckt. So plötzlich, wie er aufgetaucht war. Und mit ihm der Hund.
„Einen schönen Hund haben Sie da", sagte der Mann mit dem Korb, in dem nichts drin war außer einem Taschenmesser.
„Danke. Das ist ein Schwammerlhund", sagte der andere, den sie anderswo noch vor wenigen Tagen den Fremden nannten und der auf einem Baumstamm am Weg neben dem Wald saß. Vor ihm ein Korb mit zahlreichen Pilzen.
„Ein was ist das?"
„Ein Schwammerlhund. Solche züchte und richte ich ab. Gehen Sie nur rein in den Wald mit ihm und Sie werden sehen, dass kein Steinpilz vor ihm sicher ist."
„Unglaublich."
„Kommen Sie mit. Dieser hier", und das sagte er wie nebenbei, „ist übrigens der letzte, der derzeit zu verkaufen ist. Die anderen sind quasi noch in Ausbildung".
Die beiden Männer bogen in den Wald und waren keine fünf Meter gegangen, da zog der Hund, die Schnauze dicht über dem feucht-kalten Boden, plötzlich wie wild an der Leine und führte seine Begleiter direkt zu einem prächtigen Steinpilz.
„Sehen Sie", sagte der Hundebesitzer abermals beiläufig, als wäre es die selbstverständlichste Sache der Welt.
„Unfassbar. Was soll er denn kosten?"
„Sie wollen ihn?"
Man einigte sich rasch auf einen Preis, einen erstaunlich hohen, und so wechselte der Hund binnen weniger Minuten sein Herrl.
Vermutlich aber wäre man nie und nimmer ins Geschäft gekommen, hätte der Mann gewusst, welche Art von Fährte hier ausgelegt war, die den Hund so zielsicher zum Steinpilz führte.
Wobei aus*gelegt* in diesem Fall das falsche Wort war. Aus*geschüttet* kam der Sache schon bedeutend näher.

Wie alles begann

Welschriesling war es auch, der bei jener Premierenfeier gereicht wurde, die indirekt schuld an diesem Buch ist. Zumindest sagte man, es handelte sich um Welschriesling. Sicher war allerdings nur, dass er für einen nicht vollkommen ahnungslosen Gaumen eine Beleidigung war. Da waren sich der Schauspieler und der Journalist einig. Quasi von ähnlich bescheidener Qualität wie die vorangegangene Premiere, der der Schauspieler als einfacher Zuschauer beigewohnt hatte, wie auch der befreundete Journalist nicht des Berichterstattens wegen im Theater war. Man hatte das Gesehene rasch abgehandelt.

„Ich werde bald an der Quelle sitzen", sagte der Journalist wenig später zum Schauspieler und schenkte nicht nach, sondern dem leeren Glas einen leicht säuerlichen Blick.

„Wie meinst du das?", kam eine Frage als Antwort.

Da erzählte der Journalist, dass er aus beruflichen Gründen für einige Zeit nach Graz ziehen und es in Zukunft nicht mehr weit haben würde ins Steirische Weinland.

„In meine Heimat ...", seufzte der Schauspieler und zog die buschigen Augenbrauen zu einem Blick zusammen, der bedeuten sollte: „Mein Freund, wie ich dich beneide."

Stattdessen sagte er: „Da kann ich dir unendlich viele Tipps geben. Und Geschichten erzählen."

Und dann erzählte er die Geschichte vom „Schwammerlhund".

„Ist die wahr?"

„Sie ist zumindest ziemlich gut erfunden."

„Ich wusste übrigens gar nicht, dass du Steirer bist."

„Mit Leib und Seele. Ich bin in Graz geboren, die ersten Jahre vor der Schulzeit bin ich bei der Großmutter in Großklein in der Südsteiermark aufgewachsen. Und in der Oststeiermark, in Ziegenberg, habe ich immer noch ein kleines Häuschen. Geerbt vom Vater und ein wunderbares Rückzugsgebiet."

„Dann gib mir doch nicht einfach nur Tipps, sondern lass uns einen gemeinsamen Ausflug machen. Zeig mir, wo du herkommst, zeig mir ein paar Buschenschanken und erzähl mir ein paar Geschichten. Heißt es jetzt eigentlich *der* Buschenschank oder *die* Buschenschank."

„Beides stimmt. Erlaubt ist also, was gefällt."

Und noch bevor wir uns das erste Mal auf den Weg machten, war festgestanden, dass wir nicht nur zu zweit und sicher nicht nur einmal fahren würden. Ein Fotograf müsste mit von der Partie sein und Block und Stift. Und Emilia war schließlich auch dabei. Emilia, die griechische Urlaubsbekanntschaft des Schauspielers. Kein Schwammerlhund, aber auch ein ungemein menschenfreundliches und geselliges Tier.

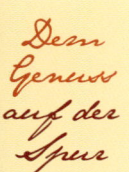
Dem Genuss auf der Spur

Was Sie nun in Händen halten, ist das Resultat unserer Ausflüge. Niedergeschriebene und in wunderbaren Bildern festgehaltene Eindrücke einer kulinarischen Rundreise in mehreren Etappen durch die Süd-, die Südost- und die Weststeiermark. Kein (Reise-)Führer im klassischen Sinn, keiner mit dem Anspruch auf Vollständigkeit, was angesichts der Vielzahl an wahren Wundern, die in dieser Gegend auf Körper und Geist niederprasseln wie ein warmer Sommerregen, auch niemals möglich wäre. Daher wollen wir all jene um Nachsicht bitten, die nicht in diesem Buch vorkommen, obwohl sie es sicherlich verdient hätten.

Überdies erzählen wir nicht chronologisch, denn wir beginnen mit der Südsteiermark, die wir im Herbst bereisten. Dann erst fahren wir in die Südoststeiermark, obwohl die schon im vorangegangenen Frühling unser Ziel gewesen war. Und wir (be)schließen das Buch im Westen.

Es ist ein Buch, das im Wechselspiel mit Fotos von Land und Leuten und Küche und Keller Lust und Appetit auf eben all das machen soll. Lust auf Land und Leute, Appetit auf Küche und Keller. Natürlich mit einigen konkreten Tipps und speziellen Hinweisen und Landkarten im Inhaltsverzeichnis zur besseren Orientierung, aber stets basierend auf unseren ganz subjektiven Wahrnehmungen und Empfindungen. Mit anderen Worten: Es ist ein Buch ganz nach *unserem* Geschmack. So meinen wir beispielsweise auch, dass man guten Gewissens hin und wieder den Buschenschank mit dem großen Namen links liegen lassen kann, wenn sich rechts davon hinter ein paar Bäumen ein namenloser versteckt, der seine Besucher genauso verführen kann. Und nun freuen wir uns, dass Sie uns auf dieser Reise begleiten.

Achim Schneyder, Peter Simonischek & Kurt-Michael Westermann. Und Emilia.

Emilia, die griechische Urlaubsbekanntschaft des Schauspielers und während unserer Reisen neugieriger Begleiter.

In der Südsteiermark

Was lebt ihr so dumm?

Großklein war das Ziel. Unser erstes. Quasi das Zurück zu den Wurzeln des Schauspielers und Startschuss für unsere Tour durch das Südsteirische Weinland. Aber wir sollten Großklein mit ein paar Tagen Verspätung erreichen. Schuld daran war ein Huhn. Nicht, dass wir eines auf der Straße überfahren hätten, nachdem wir bei Leibnitz von der Autobahn abgefahren waren und uns nun bei einem Bauern für das Missgeschick entschuldigen mussten. Nein, wir hatten schlicht Hunger, nachdem wir in weiser Voraussicht auf ein Frühstück verzichtet hatten.

Die Fenster des Autos waren weit offen, wunderbar warme Herbstluft erfüllte das Wageninnere, und wir befanden uns kurz vor Heimschuh, also ziemlich am Beginn der Sausaler Weinstraße – oder an deren Ende, je nachdem, aus welcher Richtung man kommt. Das Navigationssystem legte uns gerade nahe, von der Weinstraße abzubiegen und eine Bundesstraße zu nehmen, da mischte sich ein anderer Duft in jenen des Herbstes.

„Backhuhn", rief der Journalist. „Riecht ihr das? Ich bilde mir ein, hier riecht's nach Backhuhn."

„Dann fahren wir geradeaus weiter", riss der Schauspieler das Steuer mit Worten herum, und der Fotograf am Fahrersitz tat, wie ihm geheißen. „Ich zeige euch die Keltentaverne. Und dort gibt's ein Sulmtaler Hendl, das ist zum Messen-Lesen-Lassen gut. Schlicht und einfach himmlisch."

Und dann schmatzte der Schauspieler ganz genüsslich. Emilia im Fond des Wagens schien zu verstehen und schmatze mit.

Wir haben uns kurz darauf zwar das erste und nicht das letzte Mal ein klein wenig verfahren, aber letzten Endes führen hier in der Gegend um Heimschuh, Großklein oder Kitzeck alle Wege irgendwann zur Keltentaverne, die inzwischen Gasthaus Koschak heißt. Man muss nur wollen. Zudem stößt man im gesamten Steirischen Weinland gerade auf ungewollten Umwegen hinter irgendwelchen Kurven immer wieder auf Oasen des Glücks. Ob nun in kulinarischer Hinsicht, oder nur, weil man einen einzelnen kurzen Blick auf die Landschaft erhascht, der einem die Sinne raubt. Momentaufnahmen des unbeschreiblich Schönen.

„Was lebt ihr so dumm", hat der österreichische Dichter Ernst Jandl einmal geschrieben. Und an diesen Spruch halten sich Anton und Hermine Koschak, die Wirtsleute, die das Gasthaus Koschak in ihrer heutigen Form seit 1973 betreiben, nachdem sie 1938 von Franz und Maria Koschak als kleiner Buschenschank gegründet worden war. „Was lebt ihr so dumm? Lebt lieber bewusst und genießt Qualität", so das Motto der Koschaks, die in Martin und Silvia, den Betreibern des Weinbaus, kongeniale Partner in der Familie haben.

Backhendl ist nicht gleich Backhendl. Denn ist das Backhuhn ein Sulmtaler Huhn, dann ist es ein garantierter kulinarischer Hochgenuss, sofern mit Liebe paniert und in gutem Fett herausgebacken.

„Zum Wohl. Auf dass auch diese Reise eine Reise wert sein wird", sagte der Schauspieler.
„Das ist sie schon jetzt, zum Wohl", sagte der Journalist.
Emilia saß neben dem Tisch und grunzte zufrieden.
„Zum Wohl", sagte auch der Fotograf und stellte gleich am ersten Tag – wie schon im vorangegangenen Frühling in der Südoststeiermark – die für ihn „verhängnisvolle" Frage: „Wer wird denn am Nachmittag und am Abend den Wagen fahren?" Der Schauspieler und der Journalist warfen ihm einen viel sagenden Blick zu. „Na gut ...", sagte der. Und in den kommenden Tagen sollte sich der Mann hinter der Linse einmal mehr als Chauffeur bewähren.

Vorbei an Leibnitz und weiter über Heimschuh, kommt man nicht nur irgendwann zur ehemaligen Keltentaverne, heute Gasthaus Koschak, sondern vorher auch an Schloss Seggau vorbei.

Ein „Schicksal", das in dieser Gegend Mensch und Tier teilen: Man fühlt sich schlicht und einfach unendlich wohl.

Wir tranken also das erste Achtel des Tages. Es war ein Sauvignon blanc, grasig-fruchtig, wie er sein soll, von paprizierter Würze und rassiger Fülle. Und der Vorschlag der Gastgeber, noch eine Weile zu bleiben und weitere Herrlichkeiten zu verkosten, wurde begeistert aufgenommen. So lernten wir im Laufe dieses Tages, dass auf den Rieden Königsberg und Nestelberg und begünstigt vom Einfluss des Mittelmeerklimas nicht nur Sauvignon blanc, sondern auch Welschriesling, Weißburgunder, Morillon, Rheinriesling, Zweigelt und Blaufränkisch gedeihen und reinsortig ausgebaut werden.

In Koschaks Gasthaus sind auch die beiden Cuvées „Covio" und „Taranis" zur Tradition geworden. Gemeinsam mit dem Symbol des Wirtshauses, dem Keltenkrug, weisen diese Weine auf die lange und bewegte Geschichte des Sulmtals hin. Bereits 4000 vor Christus wanderten hier die ersten Bauern ein, und zwischen dem achten und sechsten Jahrhundert vor Christus war das Gebiet Teil der zentralen Region eines hallstattzeitlichen Fürstentums.

Aber waren wir nicht ursprünglich wegen des Backhendls hier? Ja, ursprünglich schon. Aber ehe wir von dem schwärmen, gilt es noch die Hauswurst der Keltentaverne zu beschreiben und lobzupreisen, die so genannte *Zelodec*. Hierbei handelt es sich um eine Schinkenrohwurst, deren Geschmack sich am Gaumen ausbreitet wie eine heiß ersehnte Liebeserklärung im Herzen und für die ausschließlich Schweinsschulter, Salz, Zucker, Gewürze und Rotwein verwendet werden. Die fertige Masse wird in einen Rindspimmerling gefüllt, auf Buchenholz geräuchert und gepresst. Und nach vier Monaten Reifezeit steht dem Genuss dann nichts mehr im Weg.

Genial einfach eigentlich, wenn man weiß, wie es geht. Und einfach genial. Wie auch das Sulmtaler Hendl, das originale, nicht das aus einer kommerziellen Geflügelanstalt. Und wer das Original nicht zumindest einmal in seinem Leben in einem Wirtshaus, das beim Panieren Wert auf gutes Fett legt, gegessen hat, der lebt – frei nach Ernst Jandl – dumm.

Wenn man gemütlich und gut essen will, dann ist's wahrlich kein Fehler, dem Gasthaus Koschak, vormals Keltentaverne, einen Besuch abzustatten. Und auch der Wein trägt das Seine dazu bei, dass sich dieser Einkehrschwung lohnt.

**Gasthaus Koschak, Wirt & Weinbauer, Nestelberg 43, 8451 Heimschuh,
Tel. 03456/2401, Fax 03456/500 20, E-Mail: koschak@aon.at, www.koschak.at**

Ein Huhn schreibt Geschichte

Der Schauspieler hat im Lauf unserer Reise in den verschiedensten Runden immer wieder ein- und denselben Witz erzählt. Gut war dieser Witz nie, aber immer gleich blöd. Slapstick in Worten. Vielleicht haben der Journalist und der Fotograf deshalb jedes Mal aufs Neue gelacht. Sollten Sie, geschätzter Leser, dem Schauspieler einmal über den Weg laufen, dann lassen Sie sich den Witz von ihm erzählen und geben Sie ihm, so er nicht weiß, welchen Witz Sie meinen, folgende sechs Stichwörter: Steirisches Wirtshaus, Sulmtaler Backhuhn, betrunkener Gast ...
Was aber hat es nun auf sich mit diesem sagenumwobenen Federvieh, das sogar im Internet mit dem Slogan „Ihre Majestät lässt bitten ..." beworben wird?
Vor allem ist es die einzige in Österreich gezüchtete Naturhuhnrasse, die auf eine jahrhundertelange Geschichte zurückblicken kann. Nicht immer auf eine unbeschwerte, auch wenn es viele Privilegien wie geradezu unendlich weiten Auslauf genoss und außerdem Stammgast auf den Tellern des kaiserlichen Hofes war.
Das Sulmtaler Hendl ist wesentlich größer und schwerer als herkömmliche Hühner und braucht 160 bis 180 Tage bis zur Schlachtreife, also bis zu fünf Mal so lange wie ein Batteriehuhn. Das echte Sulmtaler muss, respektive darf, ohne jegliche chemische Präparate und ohne Kraftfutter in freier Natur aufwachsen. Daher ist sein Fleisch so unglaublich feinfasrig, mager und dennoch saftig und wird in Gourmetkreisen inzwischen in einem Atemzug mit den berühmten französischen Bressehühnern genannt. Natürlich züchten und mästen es die Bauern der Gegend nicht aus purer Lust am Züchten, sondern erhoffen sich ordentliche Gewinne. In einigen Jahren soll die Obergrenze von 50.000 Stück pro Jahr erreicht sein. Derzeit sind es gut 10.000, die als so genannte Kaiserhähne, Kapaune – kastrierte Hähne – und eben als Hühner angeboten werden. Und das hat seinen Preis: Ein Kilogramm Sulmtaler Kapaun ist geputzt nicht unter 30 Euro zu haben.
„Aber jeder Bissen ist sein Geld wert", da waren sich Schauspieler, Journalist und Fotograf einig. „Und morgen", sagte einer von uns mit einem Augenzwinkern, „machen wir einen Diättag. Da essen wir es nicht gebacken, sondern als Brathuhn mit viel Rosmarin."
Das Sulmtaler ist eine Schöpfung Armin Arbeiters, der diesem Schlag auch den Namen gegeben hat. Um das Jahr 1900 wurden in den Kornkammern des Weinlandes

Die Sulmtaler Hendln, deutlich schwerer und größer als herkömmliche Hühner, haben eine bewegte Vergangenheit hinter sich. Beinahe wären sie sogar ausgestorben, aber eben nur beinahe. Und so sind sie heute die große kulinarische Konkurrenz zu den französischen Bresse-Hühnern.

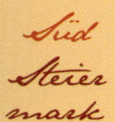

die letzen Exemplare dieser Rasse von Arbeiter gesammelt, gezüchtet und kultiviert. Arbeiter widmete sich bis 1915 der Reinzucht des Sulmtaler Huhns aus unverfälschten Geflügelbeständen der Regionen Sulmtal und Saggautal, und es gelang ihm, ein erstklassiges Fleischhuhn, passend für die fetten, ergiebigen Ackerbaugebiete südlich und südwestlich von Graz, zu züchten. Darüber hinaus war das Sulmtaler Huhn ein Segen für die Steiermark südlich von Graz bis Pettau, Cilli und Rann, da man seine Eier und sein Fleisch verwerten konnte. Dadurch war es sowohl wichtige Einnahme- als auch Versorgungsquelle.

Es muss nicht immer Backhuhn sein. Das Sulmtaler ist auch gebraten und mit Rosmarin ein Gedicht.

Nach Armin Arbeiters Tod im Jahr 1917 und nach drastischen Rückgängen des Bestandes während des Ersten Weltkriegs widmete sich Franz Koschar ab 1925 der Zucht des Sulmtaler Huhns, deren Legeleistung im Zweiten Weltkrieg in der Zuchtanstalt Dornegg auf behördliche Anweisung gesteigert werden musste. Dadurch gingen Gewicht und Mastfähigkeit der Tiere stark zurück, während die bäuerlichen Zuchten ein zufrieden stellendes Gewicht halten konnte. Bereits 1945 fand man in der Gegend von Stainz, Oisnitz, Preding und Wieselsdorf auf fast allen Bauernhöfen wieder prächtige und schwere Sulmtaler.

Nur zwölf Jahre später ereignete sich ein folgenschwerer Rückschlag: Mit dem Aufkommen der industriellen Hühnerzucht wurde die große Zuchtanstalt für das Sulmtaler Huhn in Dornegg aufgelassen, und auch das Land Steiermark verlor das Interesse an der Förderung der heimischen Naturrasse. So geriet nicht nur das Sulmtaler selbst, sondern auch das landwirtschaftliche Potential dieser Hühnerrasse beinahe in Vergessenheit.

Engagierten und couragierten Züchtern war und ist es zu verdanken, dass das einst so beliebte Sulmtaler Huhn nicht nur vor dem Aussterben gerettet wurde, sondern vielmehr seinen Siegeszug durch die Länder Europas antrat, um sich seinen gerechtfertigt hohen Stellenwert im steirischen Hühnerhof wie in der internationalen Gourmetküche zurück zu erobern.

Sulmtaler Vermarktungs-GmbH, Nestelbach 52, 8452 Großklein,
Tel. 0664/422 60 22, Fax 03456/500 54, www.sulmtaler.at

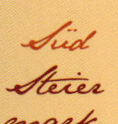

Ein kleines Weinlexikon

Der erste Tag in der Südsteiermark ging langsam in einen herbstlich lauen Abend über. Die Sonne stand tief, und unser Plan, am späten Vormittag in Großklein auf den Spuren der Kindheit des Schauspielers zu wandeln und danach einen guten Teil der Sausaler Weinstraße abzufahren, um Buschenschanken zwischen Fresing und St. Andrä mit jenen in Kitzeck als zwischenzeitlichem Höhepunkt abzuklappern, war vorerst gescheitert. Kläglich. Höhepunkt übrigens im wahrsten Sinn des Wortes, denn Kitzeck ist mit 564 Metern über dem Meeresspiegel eines der höchst gelegenen Weinbaudörfer Europas. Und auch in der Ölpresse Hartlieb in Heimschuh mit dem angeschlossenen Museum waren wir nicht. Noch nicht jedenfalls. Und noch nicht in der Destillerie Weutz in St. Nikolai, wo echter steirischer Whisky gebrannt wird. Und noch nicht, und noch nicht …

Und spätestens jetzt war also klar, dass wir an jenem Tag überall dort auch nicht mehr vorbeikommen würden. Wie auch an Großklein nicht. Denn es braucht im Steirischen Weinland nicht nur unendlich viel Muße, sondern vor allem auch Zeit. Irgendwo im Steirischen Weinland einzukehren heißt Sitzenbleiben, Verweilen, Anekdoten Erzählen und Anekdoten Lauschen, Schauen, Genießen, auf sich wirken Lassen.

Emilia lag mit der Schnauze auf den Schuhen des Schauspielers und schlief. Und wir tranken ein weiteres Achtel.

„Freunde, wir müssen umdenken", sagte der fahrende Fotograf, als wir uns wenig später auf den Weg machten, um unser Appartement zu beziehen. „Überlegt mal, was wir heute alles vorgehabt und letztlich wirklich unternommen haben. Wir waren im Gasthaus Koschak, in zwei kleinen Buschenschanken, und ihr habt mir zugeschaut, wie ich Sulmtaler Hendln fotografiert habe. Wir brauchen also noch ein paar Tage mehr, wenn wir alles unter einen Hut bringen wollen."

„Nichts lieber als das", stimmten die beiden anderen zu, und auch die jeweiligen Kalender hatten keinen Einwand. Und nachdem wir in unserem Quartier in der Nähe von Leutschach, dem westlichsten Punkt der Südsteirischen Weinstraße, erfahren hatten, jederzeit verlängern zu können, beschlossen wir, diese erfreuliche Tatsache in der gegenüberliegenden Buschenschank mit einem Schlummertrunk zu feiern.

„Geht ihr mal vor, ich muss meine tägliche halbe Stunde Text lernen. In einer Woche beginnen Proben", sagte der Schauspieler.

Auf dem Highway, heißt's, wäre die Hölle los. Mitunter aber ist sie das auch auf der Südsteirischen Weinstraße, wenn die Biker auf ihren Maschinen unterwegs sind. Oft anvisiertes Ziel ist dabei der Peterhof.

Der Buschenschank vom Weingut Peterhof unweit von Leutschach und direkt an der Weinstraße gelegen. Mit anderen Worten: nicht zu übersehen. Und das ist auch gut so ...

Knapp eine Stunde später machte er das Trio wieder komplett, setzte sich hin, eine ernste Miene auf und begann sich bühnenreif zu empören. „Ich habe da jetzt einen getroffen, also Kinder, ich kann euch sagen ... Ein molliger Typ, ein schmalziger Kerl, vom Wesen her eckig wie ein Würfel. Geschliffen? Von wegen! Rau im Umgang und unwirklich resch. Überhaupt nicht ausgeglichen und gänzlich ohne Rückgrat."
Journalist und Fotograf blickten ein wenig verstört. „Wie heißt der Dichter? Wie das Stück?" Da lachte der Schauspieler und zog eine Broschüre aus der Tasche. „Alles Wein-Begriffe", klärte er auf und legte das dünne Heftchen auf den Tisch. Und diese Weinterminologie las sich dann wie folgt:
Ausgebaut: Der Wein ist vollkommen entwickelt und absolut trinkreif.

Abgebaut: Alterserscheinungen des Weines.
Ausgeglichen: Ein durch und durch harmonischer Wein.
Brandig: Der Alkohol tritt im Geschmack sehr stark hervor.
Bukett: Alle Duftstoffe gemeinsam wahrgenommen. Man sagt auch: *Der Wein hat eine schöne Nase.*
Dezent: Ein feiner, sehr zarter Wein.
Duftig: Ein elegantes und leichtes Bukett – wobei man darunter die Gesamtheit der Geschmacks- und Geruchsstoffe des Weins versteht.
Dünn: Ein körperloser, extraktstoffarmer Wein mit wenig Alkohol und/oder Säure.
Eckig: Die Extraktstoffe treten in unharmonischer Intensität hervor.
Elegant: Ein harmonischer Wein.
Fehlerhaft: Das ist ein Wein dann, wenn er durch chemische Einflüsse oder durch Aufnahme weinfremder Stoffe zu seinem Nachteil verändert wurde.
Feurig: Der höhere Alkoholgehalt ist gut im Geschmack integriert. Quasi das Gegenteil von *brandig*.
Fruchtig: Bedeutet schlicht, dass dieser Wein extrem stark nach Trauben schmeckt.
Geschliffen: Das sind Weine, die durch Maßnahmen wie Entsäuerung oder Verschnitt *harmonisch* gemacht werden.
Harmonisch: Alle Bestandteile des Weins – Säure, Alkohol, Fruchttiefe ... – stehen im richtigen Verhältnis zueinander.
Herb: Gerbstoffreicher Wein, meist ein Roter. Weißweine mit geringem Restzucker sind nicht herb, die sind *trocken*.
Hinten nach: Geschmackswahrnehmung hinten am Gaumen. Der Wein hält an (oder auch nicht).
Kernig: Ein Wein mit viel Körper und viel Säure.
Kurz: Ein Wein ohne *Schweif*.
Lebendig: Ein frischer, nicht allzu schwerer Wein.
Leicht: Schwacher Körper, wenig Alkoholgehalt.
Mollig: Ein sehr extraktreicher Wein.
Rau: Ein herber Wein mit hohem Gerbstoff- und Schwefelsäuregehalt.
Resch: Ein säurereicher und *trockener* Wein.
Reintönig: Wein ohne negativen Nebengeschmack.
Rund: Sehr harmonisch.
Rückgrat: Die Wein hat Körper, ist voll und hat genügend Säure/Tannin-Extrakt.
Schleier: Ein Wein mit leichter Trübung.
Schmalzig: Ein runder, voller, fetter Wein.

Hoher Besuch. Die Wirtsleut' vom Peterhof und der Schauspieler mit demselben Vornamen.

Schweif: Der Wein hat Substanz, hält am Gaumen lange an.
Süffig: Keine Qualitätsbezeichnung, sondern schlicht ein sehr leichter Wein. Ob nun gut oder nicht.
Trocken: Ein Wein ohne Restsüße.
Weich: Ein säurearmer Wein.
Würzig: Gleichbedeutend mit *fruchtig*.

Zerschlagen: So fühlt sich der Wein kurz nach der Flaschenfüllung.

„Zerschlagen also. Ein Wein kann sich zerschlagen fühlen? *Wir* würden uns morgen vermutlich so fühlen, wenn wir das jetzt noch alles durchkosten müssten", sagte der Journalist, nachdem er umgeblättert hatte. Auf den folgenden Seiten wurden nämlich die Weine vorgestellt, die die Steiermark zu bieten hat. Und das ist wahrlich eine ganze Menge.

Blauburgunder: Ein tiefdunkler, markant herber Rotwein, häufig im Verschnitt mit Zweigelt.

Blauer Wildbacher (Schilcher): Diese steiermarkweit geschützte

Weißer Sturm links, roter Sturm rechts, und in der Mitte der Schinken – Genießerherz, was willst du mehr?

Spezialität ist gekennzeichnet durch die zartrosa, zwiebelschalene Färbung und rassige Säure. Der hohe Säureanteil ist durch reichlich Extrakt abgepuffert, sodass diese Rarität einen idealen Begleiter zu Verhackertem, Geräuchertem, aber auch zart gewürzten Schweins-, Fisch- und Geflügelspeisen abgibt. Die oft beerige Frucht bindet sich nach ein- bis zweijähriger Lagerung in das Gesamtbukett ein, sodass Schilcher eher jung und mit sechs bis sieben Grad Celsius getrunken werden soll.

Blauer Zweigelt (auch: Rotburger, Zweigelt): Der rubinrote Wein mit zartem Violettschimmer zeigt je nach Ausbau alle seine Stärken: Vom zart-fruchtigen bis kräftiggerbstoffbetonten Rotwein mit Barriqueunterstützung ist alles anzutreffen. Mit zunehmender Reife verliert der Zweigelt seine kratzige herbe Note zugunsten eines samtig-geschmeidigen Charakters. Mit derselben Bandbreite ist er auch als Speisebegleiter zu dunklem Fleisch und verschiedenen Käsesorten geeignet. Seine Trinktemperatur sollte zwischen 12 und 14 Grad liegen.

Chardonnay (auch: Morillon, Feinburgunder, Pinot Chardonnay): Der zartgelbe Wein wird durch seine tiefe Fruchtigkeit geprägt und erinnert an reife Trauben bzw. Dörrobst. Die Noblesse dieses gehaltvollen, von einer strahligen Säure begleiteten Weines gewinnt durch die behutsame Fass- bzw. Flaschenreife. Ein Aristokraten-Wein, der zu gewürzten Speisen, Meeresfrüchten und edlem Käse passt.

Goldburger (auch: Orangeriesling): Der gelblichgrüne Wein mit feiner, jedoch nicht rassiger Säure ist fast geruchsneutral. Die Sorte hat lokale Bedeutung und galt als Welschriesling-Ersatz mit weniger elegantem Bukett, dafür aber voller und meist kräftiger.

Grüner Sylvaner (auch: Österreicher): Der grünlich gefärbte Wein ist gekennzeichnet durch sein feinsäuerliches, nachhaltig-fruchtiges Bukett, das im Abgang an reife Bananen erinnert. Durch die geringen Anbauflächen in der Steiermark bleibt er entgegen seinem Wert etwas im Hintergrund.

Müller Thurgau (auch: Rivaner): Diese frühreife Sorte ergibt eher milde grünlichgelbe Weine mit zartem Muskatgeschmack. Durch den raschen Weinausbau sollte Müller-Thurgau jung getrunken werden. Man empfiehlt ihn zu weißem, zartem Fleisch und serviert ihn bei sechs bis acht Grad.

Muskateller (gelb und rot): Der Muskateller besticht durch seinen traubigen, ausgeprägten Muskatton und ist trocken ausgebaut zu einem steirischen Aperitif-Aushängeschild geworden. Der grünlichgelbe Wein ist für eine kurze Lagerzeit dankbar und hält sich auch längere Zeit trinkreif. Neben seiner Bedeutung als Aperitif wird er gerne zu Fisch, Spargel, Ziegen- bzw. Schafkäse, aber auch zu Sorbet gereicht.

Riesling (auch: Rheinriesling, Weißer Riesling): In Verbindung mit Herbstnebel, Urgesteinsböden und Tag-Nacht-Temperatursprüngen erwartet man immer wieder hervorragende, nach Pfirsich bzw. Rosen duftende Rieslinge. Der zartgelbe Wein braucht längeren Fassausbau und ist gut lagerfähig. Er passt zu einer Vielzahl von hellen Gerichten, ist aber auch solo eine festliche Krönung.

Die Wirtin des Peterhof in, wie sich's gehört, steirischer Tracht. Aber wehe, wenn sie Feierabend hat, da schlüpft sie in die Ledermontur und schwingt sich auf ihre Maschin' ...

Ruländer (auch: Grauer Burgunder, Pinot gris, Pinot grigio): Er zählt zu den körperreichsten und haltbarsten Weinen, der durch sein exzellentes, delikates und beständiges Bukett an Karamell erinnert. Seine kupfrig-gelbe Farbe lässt den hohen Reifegrad, Extrakt- und Alkoholgehalt erahnen und fasziniert durch seine Gaumenfülle. Mit geringer Restsüße ausgebaute Ruländer passen zu würzigen Speisen und harmonieren mit Weiß- und Rotschimmelkäse.

Anekdoten in Bildern. Wann immer Biker-Gruppen aus ganz Europa im Peterhof vorbei kommen, werden Fotos gemacht und auf einer Pinnwand verewigt. Fast zu jedem hat die Chefin eine Geschichte auf Lager.

Sauvignon blanc (auch: Muskat-Sylvaner): Der zartgelbe Wein mit seinen Grünreflexen kann je nach Reife betont nach Paprikaschoten bzw. schwarzen Johannisbeeren schmecken. Der streng-würzige Unterton wird bei guten Gradationen von einem Aroma abgelöst, das an Reife, Eleganz und Charakter kaum zu übertreffen ist. Die rassige und nervige Fülle macht diesen Wein zweifelsohne zum „Highlight" des Weinhimmels. Deshalb wird der Sauvignon blanc, der überdies gut lagerfähig ist, gerne in Gourmettempeln serviert und krönt den Augenblick des Genusses.

Scheurebe (auch: Sämling 88): Als frühreifende Rebsorte braucht er zur Entfaltung unbedingt höhere Temperaturen. Der feine, muskatähnliche Sämlingston wirkt, ohne aufdringlich zu sein, sehr angenehm. Der Wein baut rasch aus, kann aber bei höheren Reifegraden durchaus durch gute Lagerfähigkeit überzeugen. Im trockenen und feinwürzigen Ausbau ist er ein passabler Speisebegleiter zu hellem Fleisch, und im Prädikatsbereich (mit etwas Restsüße und breiterem Ausbau) auch empfehlenswert zu einfachen Süßspeisen.

St. Laurent (auch: Sankt Lorenz-, Lorenzitraube, Pinot Saint Laurent): Ein samtig-trockener Rotwein, gewinnt durch Lagerung an Charakter. Dunkelrot, feinfruchtiges Bukett, das an Weichseln erinnert, extraktreich, herb und betonte Säure, erreicht seinen Höhepunkt meist nach zwei Jahren.

Traminer (rot, gelb, Gewürztraminer): Der mitunter hochfärbige grünlichgelbe bis strohgelbe Traminer ist aufgrund seines breiten Buketts und höheren Extraktes nur besonderen Weinfreunden vorbehalten. Zart und trocken ausgebaute Traminer sind zwar weniger lagerfähig, werden aber immer öfter als Aperitif gereicht. Ein Wein, der Ziegen- und Schafkäse, aber auch Süßspeisen ideal begleitet.

Weißburgunder (auch: Klevner, Grobburgunder, Pinot blanc): Der grünlichgelbe Wein ist bukettneutral, gehaltvoll, extraktreich und von einer pikanten Säure getragen. Junge Weine schmecken oft nach frischem Brot, dieser Geschmack erhält mit zunehmendem Alter einen Hauch von Nusslaub und vollendet sich nach längerer Flaschenreife im zarten Mandelgeschmack. Burgunderweine, trocken oder mit leichter Restsüße ausgebaut, sind Allround-Speisebegleiter.

Welschriesling (auch: Riesling italico oder kurz „Welsch"): Die zartgrüne Farbe dieses fruchtigen und feinwürzigen Weines und die spritziglebendige Säure sowie der süffige Charakter sind die markantesten Merkmale dieser steirischen Hauptsorte. In seiner Jugend erinnert der Welschriesling mit seinen zarten Bittertönen an frische Äpfel, die nach passender Reife sehr angenehm zum Geschmack einer Weingarten-Pfirsich

Und wenn's später wird am Nachmittag und der Himmel schön langsam dunkel, dann mischt sich nicht selten auch der Harmonikaspieler unter die Gäste.

wechselt. Durch seinen bekannt saftigen Geschmack ist er ein problemloser Zechwein für einfache Essen oder kräftige Jausen. Mit anderen Worten: ein Wein für alle Tage. Na dann, prost!

Der Buschenschank, in dem wir an diesem ersten, zugegeben recht langen Abend mit viel Musik – Dank an dieser Stelle an den Harmonikaspieler – unseren kleinen Kurs in Sachen Weinterminologie absolvierten, soll an dieser Stelle nicht unerwähnt bleiben, weil zwei Herzen in der Junior-Chefin Brust schlagen. Zum einen jenes der Wirtin, die in steirischer Tracht den Kren zum Schinken reißt, dass die Tränen nur so fließen. Und zum anderen jenes der Wilden auf ihrer Maschin'. Denn wenn sie Feierabend oder überhaupt frei hat, schlüpft die attraktive junge Doris Panitsch gern in die Lederkluft und schwingt sich auf die Harley. Und so kam es, dass es vor dem Buschenschank mitunter ziemlich brummt – er ist *der* Bikertreff der Gegend. Anlaufstelle für Trosse aus ganz Europa, die sich hierher nicht einfach verirren, sondern ganz gezielt das „Weingut Peterhof" in Glanz an der Weinstraße ansteuern.

Weingut Peterhof, Pößnitz 124, 8463 Glanz a. d. Weinstraße, Tel. 0664/201 58 16
E-Mail: office@weingutpeterhof.at, www.weingutpeterhof.at

Im Zeichen des Zebu

Zu Gast im Anwesen der Familie Muster, die in der Nähe von Leutschach Zebus, asiatische Zwergrinder, züchtet.

Vielleicht lag es ja an der unvergleichlich guten Luft, die, während wir selig schlummerten, durch die gekippten Fenster strömte. Jedenfalls fühlte sich keiner von uns am Morgen danach angeschlagen. Die Aspirine blieben freundlicherweise im Necessaire, und so saßen wir beim Frühstück und waren fit für den Tag. Bloß Emilia wollte weder vom Hundefutter etwas wissen noch von uns. Sie lag da und schlief so tief, als hätte sie am Abend zuvor in der Buschenschank Sperrstund' gemacht.

„Wie legen wir es an?", erkundigte sich der Journalist, entfaltete ungeschickt die Karte und legte sie quer über das Körberl mit den frischen Semmeln.

„Gib her", sagte der Schauspieler. „Wir sind hier." Zielsicher landete eine Fingerspitze exakt dort auf der Südsteirischen Weinstraße, wo unser Quartier lag. „Und zum Repolusk ist es nicht weit. Das ist ein recht großer, aber trotzdem saug'mütlicher Buschenschank." Abermals wanderte der Finger auf der Landkarte wie im Schlaf zur vorgeschlagenen Destination.

„Und was kann dieser Repolusk?"

„Er hat tolle Weine und einen unglaublichen Zebu-Schinken", sagte der Schauspieler. Und seine Augen leuchteten.

„Aber wir frühstücken gerade", sagte der Fotograf, patzte wie zum Trotz Marmelade aufs Tischtuch und schenkte allen Beteiligten nach – Leitungswasser aus dem großen Krug.

„Gut, dann fahren wir zuerst zur Christa und holen uns dort den Appetit."

Dann und wann sprach der Schauspieler in Rätseln, aber es waren zum Glück keine unlösbaren.

Im Vergleich zu herkömmlichen Rindern sind Zebus absolute Leichtgewichte. Wiegt eine Kuh im Normalfall bis zu 900 Kilo, so ist ein Zebu mit 450 schon ein absolutes Bröckerl.

Also: Die Christa ist die Frau von Hans Muster und hat zwei Schwestern: Gudrun Hernach, eine Diplomsommelière, und Barbara Repolusk, Chefin der gleichnamigen Buschenschank. Gemeinsam mit ihrem Mann Hans züchtet die ehemalige Lehrerin Gudrun die Remschnigger Zwergzebus.

Wir waren startklar, und auch der Hund war inzwischen wach. Rein ins Auto also und ab zu den Zebus.

Unser Ziel lag nach einer nicht gerade kurvenarmen Strecke auf 560 Metern Seehöhe und im wahrsten Sinn des Wortes nur einen Sprung von der slowenischen Grenze entfernt. Ein Bauernhof wie in die Landschaft gemalt, seit 1868 im Besitz der Familie und umgeben von Feldern und Wald. Hier scheint der Himmel noch blauer als anderswo, das Grün der Wiesen noch grüner, hier glaubt man sich wieder einmal nicht einfach in der Steiermark, sondern gleich irgendwo im Paradies.

„Wir bewirtschaften", erzählten die Musters, zwei ausgesprochen gemütliche und gesellige Leute, „rund 15 Hektar Grünland, 43 Hektar Wald und einen Hektar Weingarten in der Leutschacher Gegend."

Und da waren sie dann, die Rinder. Die, so schien es, einander ungemein mochten. Entweder standen sie dicht gedrängt in Gruppen oder lagen eng aneinandergekuschelt im Gras. Emilia war aufgeregt, wedelte mit dem Schwanz, sprang hin und her, wir staunten.

„Richtig groß sind sie ja nicht gerade", meinte der Schauspieler, und dann wurde uns erklärt, dass es sich um eine der kleinsten Rinderrassen der Welt handelt, die ursprünglich aus dem asiatischen Raum kommt. „Sie werden maximal 110 Zentimeter hoch, weibliche Tiere bis zu 300 und die männlichen bis zu 450 Kilo schwer. Das war auch mit ein Grund, warum wir auf Zebus umgestellt haben, denn für normale Rinder mit bis zu 900 Kilo erschienen uns die Hänge einfach zu steil." Was die Tiere mit dem charakteristischen Höcker auf dem Buckel überdies auszeichnet, ist neben der Langlebigkeit und Widerstandskraft tatsächlich ihre unendendliche Genügsamkeit.

Am 12. Juni 2001 war es so weit, da wurden 43 Zebus, erstanden bei insgesamt fünf Bauern in Deutschland, im Steirischen angeliefert. Auch heute beträgt der durchschnittliche Viehbestand nicht mehr als 50 Tiere, wobei pro Jahr 20 bis 25 Jungtiere zur Zucht verkauft werden.

Verkauft werden natürlich nicht nur die Tiere, verkauft werden vor allem die Produkte. Famose Trockenwürstel, Frischfleisch mit ungeahnt feinem Wildgeschmack und eben der zu Recht berühmte Schinken. Diese hohe Qualität garantiert die Tatsache, dass die Tiere ausschließlich Gras und Heu fressen. Auf Kraftfutter wird, wie auch bei den Sulmtaler Hühnern, gänzlich verzichtet.

Idylle pur auf steirischen Almen.

Nicht, dass wir hier, also an der Quelle, nichts zu kosten bekommen hätten. Im Gegenteil. Dennoch machten wir uns am späten Mittag mit dem Vorhaben, die Buschenschank Repolusk auf direktem Wege anzusteuern, auf die nicht allzu weite Reise. Wir kamen gerade mal bis Leutschach, was aber schlicht und einfach an einem dringenden menschlichen Bedürfnis eines der Beteiligten lag. Einem Bedürfnis, das sich im Nachhinein allerdings durchaus als Glücksfall entpuppen sollte.
„Fahr da links ran, das sieht aus wie ein Kaffeehaus", sagte der Journalist. Und als wir uns eingeparkt hatten, stiegen alle drei aus. Nur Emilia blieb im Fond, die schien schon wieder erschöpft.
„Ein Espresso wär' übrigens auch nicht schlecht", befand der Schauspieler.

Nicht nur der Bauer mag seine Tiere, auch die Tiere untereinander scheinen ein gutes Verhältnis zu haben, so eng aneinandergekuschelt wie sie auf den Wiesen stehen und liegen.

Wohin wir uns da per Zufall verirrt hatten, war das so genannte Knielyhaus. Ein Gebäude, erbaut noch vor 1700, das bis vor einigen Jahren als Wohnhaus, Kino und Wirtshaus gedient hatte und schließlich von den Gemeinden Leutschach, Glanz an der Weinstraße, Schlossberg und Eichberg-Trautenburg gemeinsam erworben und in ein inzwischen längst etabliertes Kulturzentrum mit angeschlossenem Café und einer bestens sortierten Vinothek umgewandelt wurde.

Im Café kamen wir mit einer jungen Frau ins Gespräch, die erstaunlich viel über das Steirische Weinland zu berichten wusste. Claudia Pronegg hieß sie, nach eigenen Angaben eine „praktizierende Südsteirerin, meist fröhlich, manchmal etwas ungeduldig, aber immer konsequent". Und warum sie das Weinland, speziell das südsteirische, derart im kleinen Finger hatte, war uns bald klar. Sie ist die Chefin ihres eigenen Projektmanagement-Unternehmens, das sich speziell um Veranstaltungen im touristischen und sportlichen Bereich kümmert.

„Dort müsst ihr hin, das müsst ihr tun, ach, dort wart ihr schon, ja, das darf auch nicht fehlen, lasst den Wirten von mir grüßen, nein, das könnt ihr auslassen ..." – der Journalist kam mit dem Mitschreiben gerade noch nach.

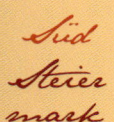

„Zum Repolusk fahrt ihr also als nächstes? Gute Idee. Der ist ausgezeichnet – in zweifacher Hinsicht." Und dann erklärte uns Pronegg, was es mit den im wahrsten Sinn des Wortes „Ausgezeichneten Buschenschanken" auf sich hat.

Hans u. Christa Muster, Remschnigg 50, 8463 Leutschach, Tel. u. Fax 03455/270
E-Mail: info@zebu.at, www.zebu.at

Knielyhaus, Arnfelserstraße 10, 8463 Leutschach, Tel. 03454/70 23
E-Mail: office@knielyhaus.at, www.knielyhaus.at

Claudia Pronegg, pr.one Projektmanagement, Plaschsiedlung 33, 8463 Leutschach,
Tel. 0676/338 35 40, E-Mail: claudia@pronegg.com, www.pronegg.com

Gemütlichkeit im Almgasthof Pleitler in Remschnigg. Wer hier die Zebus besucht, kommt meist nicht umhin, auch eine Kleinigkeit zu essen und zu trinken.

Ganz ausgezeichnet

Als wir unsere Reise unternahmen, gab es im gesamten Steirischen Weinland exakt 63 so genannte „Ausgezeichnete Buschenschanken". Aber was zeichnet ihn nun aus, um ausgezeichnet zu sein? Um in diese illustre Runde aufgenommen zu werden, gilt es einige Kriterien zu erfüllen, und die Tester gelten als durchwegs sehr streng.

Ganz wesentlich ist, dass die Fleischprodukte vorwiegend aus eigener Veredelung stammen oder zumindest von einem Direktvermarkter zugekauft werden. Das Fischangebot muss ebenfalls ausschließlich steirischen Gewässern entnommen sein. Brot ist optimalerweise selbst gebacken, und beim Käse entsprechen vier österreichische Hart- und Weichkäsesorten dem Mindeststandard. Noch mehr davon zu haben ist freilich kein Fehler. Aber auch Süßspeisen stehen unter strenger Begutachtung. Hier sollten traditionelle und bäuerliche Rezepte den Richtlinien entsprechend selbstverständlich sein.

Was aber verstehen die Tester unter „Weinkultur"? Mindestens 50 Prozent aller angebotenen Weine müssen Qualitätsweine sein, also mit staatlicher Prüfnummer, und überdies für den offenen, sprich glasweisen Ausschank bestimmt. Dass der Wein beim Servieren richtig präsentiert werden muss, das Glas zeitgemäß-formschön und dem Weintyp entsprechend, gilt ebenfalls als Voraussetzung.

Dem ist wenig bis nichts hinzuzufügen ...

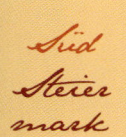

Auch kleine Gäste spielen eine große Rolle. Für sie müssen mindestens drei Arten von Fruchtsäften aus heimischer Erzeugung bereitstehen, darüber hinaus eine eigens als solche ausgewiesene Kinderjause, eine Spielecke und ein Spielplatz.

Nun also landeten wir mit Verspätung beim ausgezeichneten Repolusk. Claudia Pronegg hatte unser Kommen offensichtlich angekündigt, denn es war nicht nur ein Tisch für uns reserviert, dieser Tisch war auch bald mit kulinarischen Köstlichkeiten übersät. Nicht nur Produkte vom Zwergzebu, auch allerlei von der Käferbohne und ein geradezu überirdisches Kürbiscarpaccio sollten unsere Geschmacksnerven unendlich erfreuen. So gesehen war die Verschnauf- und Pinkelpause im Knielyhaus mit dem doppelten Espresso nachträglich betrachtet ein ziemlicher Segen.

„Ein bisserl was geht immer", lachte Gudrun, die Diplomsommelière, als sie schließlich auch noch mit dem Kuchen kam.

Und was die Qualität der außergewöhnlich fruchtigen und aromareichen Weine betrifft, für die Schwager Roland Repolusk verantwortlich zeichnet und die auf elf Hektar an einem der südlichsten Punkte der Steiermark wachsen, so reicht vermutlich folgender kleiner Hinweis: Mit dem Weißburgunder 2006 holten die Repolusks bei der *awc vienna '07*, der mit 6.109 eingereichten Weinen aus 31 Ländern weltweit zweitgrößten Weinbewertung, Gold. Und im Jahr davor war man bei der *awc* unter 5.118 eingereichten Weinen aus 29 Ländern mit dem Gelben Muskateller Trophy-Sieger, mit dem Sauvignon blanc Zweiter.

Dass nicht jeder Buschenschank die Kriterien erfüllen kann, um sich „ausgezeichnet" nennen zu dürfen, ist logisch. Manche Betriebe sind schlicht zu klein, in manchen gibt es je einen Glastyp für den Weißwein, je einen für den Roten. Das Speiseangebot beschränkt sich auf Schinken und Wurst, dazu noch einen kalten Braten, eine oder zwei Sorten Käse und vielleicht einen frischen Kuchen. Und der Spielplatz ist einfach nur die Wiese vor dem Haus oder der angrenzende Wald dahinter.

Das aber soll nun wahrlich nicht heißen, dass nicht auch diese Buschenschanken ganz ausgezeichnet sind oder zumindest sein können. Im Gegenteil, besonders ausgezeichnet mitunter. Urig und ursprünglich und gut versteckt fernab jener Straßen,

Schinken und Würste vom Zebu, kredenzt im Buschenschank Repolusk.

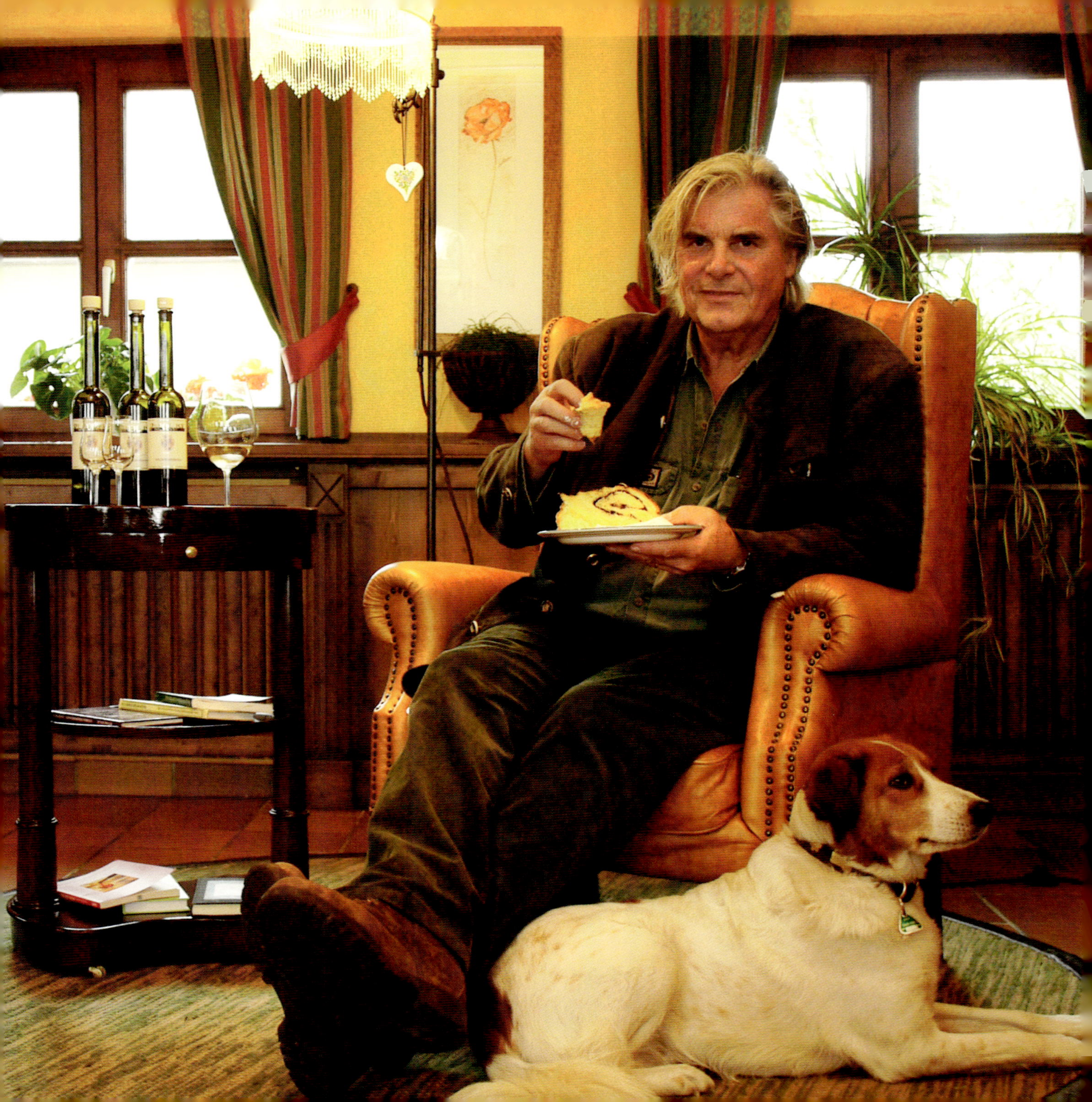

auf denen die Reisebusse durch die engen Kurven schleichen und an Wochenenden Touristenhorden ausspeien und irgendwann wieder aufsammeln.

„Ich kann heute unmöglich auch nur noch einen Bissen essen", sagte der Schauspieler, als die drei Genießer am späten Nachmittag den Repolusk verließen.

„Ich schließe mich dir an", erwiderte der Journalist, und der fahrende Fotograf meinte: „Mir geht's nicht anders, aber ich würde jetzt gerne das Auto zu Bett bringen und endlich ein ganzes Glas Wein trinken. Und nicht nur einen Schluck."

Und so fassten wir folgenden Beschluss: zurück zum Basislager, dem Weinbauernhof Menhart gegenüber der Biker-Buschenschank, dann bei den Bikern einen Gute-Nacht-Schluck nehmen. Der Schauspieler lernt danach noch ein wenig Text, der Fotograf lädt Bilder von der Kamera auf den Laptop, und der Journalist wertet seine an diesem Tag gesammelten und aufgeschriebenen Eindrücke aus. Und dann früh ins Reich der Träume, um auch am kommenden Tag fit zu sein für dieses wunderbare Reich.

Buschenschanken in der Steiermark, www.weinland-steiermark.at

Ausgezeichnete-Buschenschanken, www.buschenschank.at

Weingut Roland & Barbara Repolusk, Glanz a. d. Weinstraße 41, 8463 Leutschach, Tel. 03454/313, E-Mail: weingut@repolusk.at, www.repolusk.at

Ein Nachmittag im Zeichen der puren Gemütlichkeit beim Repolusk. Ganz besonders zu empfehlen: der Weißburgunder, der Welschriesling, der Sauvignon, der, der und der ...

Kernkraft und Pizza

Der Journalist war als erster wach. Und um beim Frühstück vor dem Schauspieler, in diesem Fall vielmehr vor dem gelernten Steirer, mit einem Vorschlag auftrumpfen zu können, schlich er sich früh aus dem Appartement und ging, ausgestattet mit dem Handy, durch den Morgennebel spazieren. „Ihr könnt mich jederzeit anrufen", hatte Claudia Pronegg noch am Vortag gemeint. Und das tat der Journalist jetzt.

Claudia war hörbar überrascht, schon so früh am Morgen von einem von uns kontaktiert zu werden. „Schon munter?"

„Wir waren brav und gesittet am Abend, zumindest einigermaßen."

„Und was habt ihr heute vor?"

„Das ist der Grund meines Anrufs. Was sollen wir denn vorhaben?"

„Seid ihr gestern noch beim Kermann in der Regele Keusch'n gewesen?"

„Nein, waren wir nicht. Was ist das und was gibt's dort?"

Und dann erklärte sie dem Journalisten, wie das Trio hinkommen und was es dort erwarten würde.

Als der Schauspieler gerade zur zweiten Frühstückssemmel greifen wollte, der Fotograf zum Kuchen, musste der Journalist autoritär werden und einschreiten: „Reißt euch am Riemen, es gibt nichts mehr. Auf uns wartet schon sehr bald eine Pizza."

Diese Ankündigung verfehlte ihre Wirkung nicht. „Der junge Mann beliebt zu scherzen ...", sagte der Schauspieler.

„Keineswegs. Aber ich gebe gerne zu, um eine Pizza im herkömmlichen Sinn handelt es sich natürlich nicht."

Spätestens jetzt war die Neugierde der beiden anderen geweckt, und eine halbe Stunde später saßen die drei schon wieder im Auto. „Weiter auf der Weinstraße, vorbei am Weingut Tschermonegg und am Repolusk und dann kurz vor der Kreuzung, wo es geradeaus weiter nach Gamlitz geht und rechts ab Richtung Ratsch, genau dort müsst ihr hin", hatte Claudia erklärt. Und jetzt waren wir da.

Reges Treiben herrschte hier schon am Vormittag auf dem Schotterparkplatz vor dem alten Gehöft, der Regele Keusch'n, die direkt am Straßenrand liegt. Die Menschen tranken Sturm und aßen Kastanien, der Herbstnebel machte es sich ebenfalls bequem und dachte nicht im Entferntesten daran, sich zu lichten, also brauchte auch der imposante Birnbaum keinen Schatten zu spenden. Und Gottfried Kermann, ein junger Mann und Pächter der Keusch'n, stand hinter seinem windschiefen Stand aus Holz und war als Pizza-Bäcker im Dauereinsatz.

„Die Sache geht wie die Feuerwehr und hat in Wahrheit drei Namen", klärte uns Kermann auf und schob die nächste Flade in den Ofen. „Man sagt entweder Weinstraßen-

Ein Vormittag bei Gottfried Kermann in der Regele Keusch'n. Hier nascht man Kürbiskerne, Kastanien und wenn man will auch Pizza. Die darf man aber gerne auch anders nennen ...

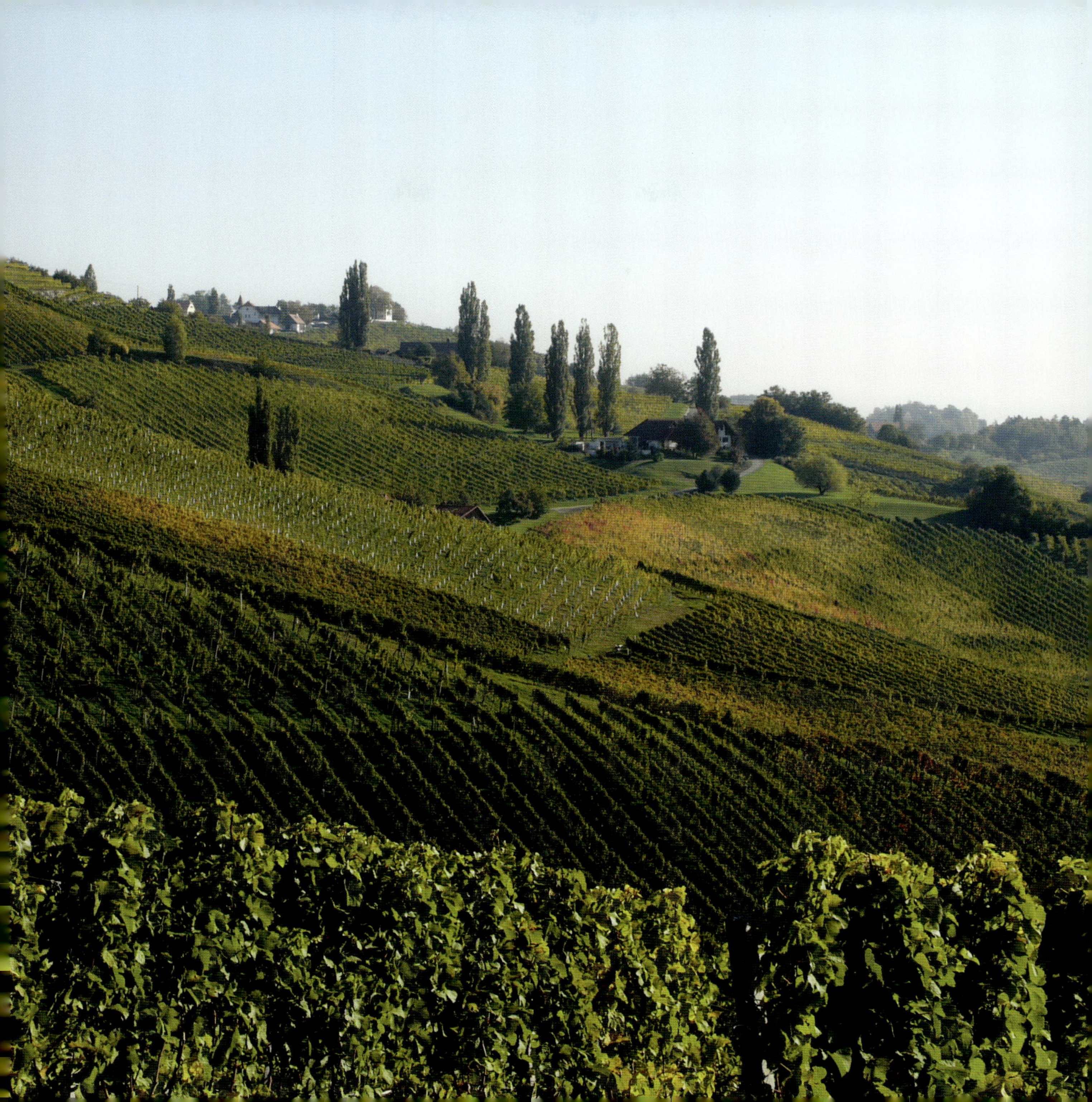

Gottfried Kermann bei der Arbeit. Seine Weinstraßen-Pizza heißt auch Feuerfleck oder Watschga.

Pizza, Feuerfleck oder Watschga." Bei Watschga wurde der Schauspieler hellhörig. „Ist Watschga nicht ein Schimpfwort?"

„Stimmt. Ein uraltes. Ein *Aucher Watschga* ist ein raufsüchtiger Trunkenbold mit chronischer Gelbsucht aus der Gegend um Leutschach. Aber mit dieser Pizza hat das nichts zu tun."

An der gibt es auch wahrlich nichts auszusetzen. Der Teig besteht ausschließlich aus Dinkelmehl, Steinsalz, Olivenöl und Wasser. Und belegt oder beträufelt wird dieser kulinarische Geheimtipp – je nach Gusto – entweder mit Kernöl, Schnittlauch, Knoblauch, Käse oder Chili. Oder man nimmt schlicht von allem etwas. Emilia mochte das ganze weniger, was vermutlich am Knoblauch lag. Oder an der Chili-Schärfe.

Die Kreativität des Gottfried Kermann beschränkt sich freilich nicht nur aufs Pizzabacken. Was es ihm, der die Regele Keusch'n auch als Buschenschank betreibt, wo man Weine aus dem Weingut Regele verkosten kann, angetan hat, sind Kürbiskerne. „Ich hab' mir beim Knabbern immer wieder gedacht, dass die Kerne oft staubig und in Wahrheit stinkfad schmecken. Und das hat meinen Ehrgeiz und meine Experimentierfreude geweckt. Außerdem bin ich draufgekommen, dass es oft der Rückgriff auf altbewährte Verfahren ist, die den besten Geschmack aus einem Produkt heraus-

Heimische Kastanien oder doch italienische Maroni? Da scheiden sich selbst in der Steiermark die Geister.

holen. Verfahren, die wegen mangelnder Effizienz längst in Vergessenheit geraten sind."

Kermann verwendet ausschließlich echte Keimlinge, die mindestens fünf Monate auf dem Feld reifen durften. Denn nur dann würden sie ihre „Kernkraft" so richtig entwickeln. Danach werden sie unter freiem Himmel in der Sonne getrocknet und schließlich geröstet.

„Wisst ihr überhaupt, was in so einem Kern alles steckt?", schaute er uns triumphierend an. Wir zuckten fragend die Schultern, nur Emilia war es egal.

„Kalzium, Eisen, Magnesium. Und auch Spurenelemente wie Selen oder Zink. Und mehrfach ungesättigte Fettsäuren. Und sie sind wahre Vitaminbomben – A, B, C und E."

Wir taten, als würden wir staunen. Aber ehrlich und aufrichtig staunten wir, als die ersten Kerne zwischen unseren Zähnen knackten und sich geschmacklich vollends ausbreiteten. Erst die unverfälschten, dann die in Steinsalz gewälzten. Und später fuhr Kermann mit seinen in Schokolade getauchten Kreationen auf: Schoko mit Chili, dunkle Schoko mit einem Hauch Minze veredelt, dunkle Schoko mit Orange – alle drei der helle Wahnsinn. „Und alle in Handarbeit hergestellt, also keine maschinelle

Im Herbst an fast jeder (Wein-)Straßenecke zu finden: ein Maronibrater.

Massenproduktion." Und dann gibt es noch die Kürbiskerne „Ingwer-Karamel" und „Zimt-Vanille".

Dass sich Kermann nebenbei auch noch dem Kürbiskernöl verschrieben hat, braucht man an dieser Stelle vermutlich nicht mehr zu erwähnen. Wobei Kermann beim Pressen auf die oft verwendete Diamantscheibe verzichtet und sich ganz auf das traditionelle Steinmahlverfahren verlässt. „So kommt es zwar zu einer kleineren Ausbeute mit weniger Wasser, aber einem völlig unverfälschten Geschmack."

Nachdem wir uns auch noch von diesem wahrhaft einzigartigen Geschmack überzeugen durften, war es längst Mittag und hoch an der Zeit, ein wenig zu rasten.

Gottfried Kermanns Kürbiskerne und Kürbiskernöl, Sultztal 24, 8461 Ehrenhausen, Tel. 0676/411 57 88, kermann@kuerbiskerne.at, www.kuerbiskerne.at

„Mahlzeit" statt „Prost" und auf zum Weinstock

Rasten? Fehlanzeige. Kaum hatten wir den Wagen vor unserem Quartier geparkt um ein Stünderl zu schlafen, da erspähte uns schon das Personal der gegenüberliegenden Biker-Buschenschank, das vor dem Haus einen Maroniofen aufgebaut hatte und fleißig Sturm ausschenkte. Maroni und Sturm – zwei Dinge, die im steirischen Herbst so untrennbar miteinander verbunden sind wie steirisches Wurzelfleisch und frisch gerissener Kren. Und für uns gab es kein Entkommen.

„Sind das hiesige Kastanien oder Maroni aus Italien?", wollte der Schauspieler wissen. „Aus Italien", versuchte der Maronibrater die Herkunft erst gar nicht zu leugnen. „Die hiesigen sind zu klein, und wer macht sich heutzutage schon die Mühe, sie zu sammeln?"

Da mischte sich ein Gast ein und war sichtlich ein wenig empört. Das wäre doch der pure Etikettenschwindel, polterte er. Außerdem wären die hiesigen Kastanien überhaupt nicht zu klein, und es würde auch keine Mühe machen, sie zu sammeln. Ein Wort ergab das andere, aber Fäuste flogen keine. Schließlich einigten sich die beiden Kontrahenten darauf, dass jeder machen sollte, wie er glaubte. Dann hielten beide ihre Gläser Sturm in die Höhe und prosteten sich mit einem freundlichen „Mahlzeit" zu.

„Wieso denn *Mahlzeit* und nicht *Prost*?", wollte der Fotograf wissen, der, das sei an dieser Stelle erwähnt, ein Deutscher ist.

Jetzt konnte der Journalist mit seinem Wissen protzen: „Das beruht auf einer alten Winzerregel. Demnach ist es deswegen verboten, *Prost* zu sagen, weil der Sturm noch kein Wein ist, sondern der in Gärung befindliche Most. Deshalb stößt man auch nicht mit den Gläsern an, die man zudem noch in der rechten Hand hält."

„Und in Wien", wusste der Schauspieler ergänzend zu berichten, „gilt dieses Gesetz ebenfalls, und dort zahlt derjenige eine Runde, der dagegen verstößt".

„Man lernt nie aus", sagte der Fotograf, wechselte die Hand und sagte „Mahlzeit". „In Deutschland gibt es übrigens auch Sturm", erklärte er, nachdem er einmal kräftig „abgebissen" hatte. „Aber da hat er einen anderen Namen. Die Deutschen sagen entweder *Bitzler* oder *Brauser*."

„Und in der Schweiz", wusste wiederum der Schauspieler, „heißt er *Sauser*"

Die Sache mit den Kastanien haben wir in der Folge zu recherchieren versucht. Die Wahrheit scheint die zu sein, dass sich das Verhältnis von italienischen und steirischen keineswegs die Waage hält, sondern die italienischen Maroni mehr verwendet werden. Aber egal, geschmeckt haben sie beide. Uns dreien zumindest.

Zwei oder drei Viertel Sturm später war uns die Lust aufs Rasten so wie sie gekommen war vergangen, zumal sich auch der Nebel endlich verzogen hatte und das Land wieder in seiner vollen herbstlichen Pracht erstrahlte.

Glocke gibt's keine beim Felix Weinstock, also nur keine Hemmungen haben und einfach kurz mal laut werden ...

Essige und Schnäpse, ebenso herrlich wie mit viel Liebe von Felix Weinstock kreiert. Vom kleinen Kostraum aus hat man einen wunderbaren Blick hinüber nach Slowenien.

„Also, Burschen, was jetzt?" Der Schauspieler strotzte nur so vor wieder gewonnener Unternehmungslust.

Und da der Journalist beim frühmorgendlichen Telefonat nicht nur *einen* Tipp bekommen hatte, hatte er flugs die Antwort parat. „Jetzt, Burschen, jetzt fahren wir zum Felix Weinstock. Essigfabrikant und Schnapsbrenner."

Wir waren rund 20 Minuten unterwegs, fuhren am Weingut Tement vorbei, dann zögerlich ein Stück bergab, denn eigentlich sollten wir schon da sein. Und dann standen wir plötzlich auf slowenischem Boden, wie uns ein verrostetes Schild am Straßenrand zu verstehen gab. Sonst deutete allerdings nichts mehr darauf hin, dass hier irgendwann einmal Grenzzäune und -balken gestanden hatten. Wir stiegen aus, und dass wir uns verfahren hatten, war sonnenklar. Nun blickten wir ein wenig verloren in jene Richtung, aus der wir gekommen waren. Und gut hundert Meter über uns wuchs vor unseren Augen das wahrlich imposante Tement'sche Anwesen mit der großen Terrasse und seinen 3.500 Quadratmetern Kellerräumen aus dem Berg.

Dieser neue Weinkeller war, wie wir später erfuhren, in mühseliger und enorm kostspieliger Arbeit in das Korallenriff, das etwa vor 20 Millionen Jahren knapp unter der

Süd Steier mark

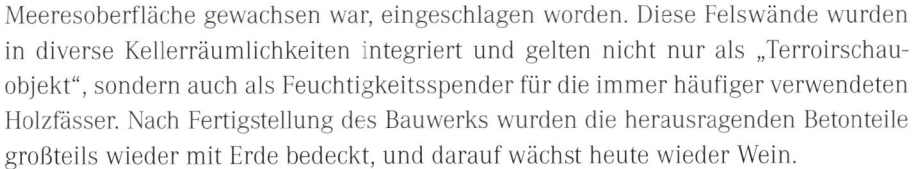

Meeresoberfläche gewachsen war, eingeschlagen worden. Diese Felswände wurden in diverse Kellerräumlichkeiten integriert und gelten nicht nur als „Terroirschauobjekt", sondern auch als Feuchtigkeitsspender für die immer häufiger verwendeten Holzfässer. Nach Fertigstellung des Bauwerks wurden die herausragenden Betonteile großteils wieder mit Erde bedeckt, und darauf wächst heute wieder Wein.
„Kolossal irgendwie", staunte der Journalist.
Da entdeckte der Fotograf links vom Tement ein zwischen den Bäumen durchschimmerndes Hausdach. „Das dort könnte der Weinstock sein."
Er sollte Recht behalten.
„Bitte sich lautstark bemerkbar zu machen", stand kaum zu entziffern auf einem verwaschenen Schild. Und als könnte sie lesen, begann Emilia zu bellen. Da bog plötzlich ein freundlicher Mann um die Ecke. „Guten Tag." Es handelte sich um Felix Weinstock höchstselbst, und der hieß nicht nur lustig, der sah auch so aus. Wuschelkopf und blau umrandete Brille, ziemlich weit vorne auf der Nasenspitze getragen.
„Was kann ich tun für die Herren?", wollte er wissen, und wir sagten wieder einmal unser Sprücherl auf. „Schön, ein Buch. Und schön natürlich, dass ich darin vorkommen soll. Bitte treten Sie ein."

Unter den famosen Bränden von Felix Weinstock gibt's echte Raritäten. Und das nicht nur, weil die Etiketten zum Teil handgemalt sind.

Eine Leidenschaft von Felix Weinstock: Er sammelt Flaschenöffner aller Art und dekoriert damit seinen Verkostungsraum.

Essigduft erfüllte den kleinen Schau- und Verkaufsraum, von dem aus man durch eine breite Glasschiebetür einen wunderbaren Blick auf Weinberge, Obstbäume und nach Slowenien hatte.

Und unserer Bitte, ein wenig von seinen Produkten kosten und dabei auch etwas über ihn erfahren zu dürfen, kam Felix Weinstock auf sehr gewinnende Art nach. Während Löffel um Löffel mit jeweils zwei, drei Tropfen Essig aus der Pipette in unseren Mündern landete, erzählte er, dass er ein umtriebiger, lebenslustiger, extrem qualitätsbesessener und geschmacksfixierter Mensch wäre. Vor langen Jahren hätte er die private Liebe zur Südsteiermark entdeckt und anfangs spielerisch mit dem überreichen Angebot der Natur gekocht und experimentiert. Rasant wäre er die Geister, die er damit rief, nicht mehr losgeworden, „und so habe ich das Hobby nicht zum Beruf, sondern zur Berufung gemacht".

Hier in Berghausen, inmitten der herrlichsten Lagen für die berühmten Weine, vergärt, brennt, braut und mixt er also all seine Köstlichkeiten: fassgereiften Aceto Balsamico, Essige, Öle, Chutneys aus Trauben mit Pfirsich, Quitte, Apfel mit Ingwer oder Koriander oder mit Nüssen, Marmeladen und allerlei mehr. Alles hergestellt nach seinen Geheimrezepten, handverlesen, handgemacht. Dazu die Brände. Apfelbrände aus seltenen Sorten wie Kronprinz Rudolf, teilweise acht Jahre im Eichenfass gereift, Williamsbirne, Quitte, Kirsche, Pfirsich, Kriecherl und Holler. Und die Freunde der Traube kommen bei den Bränden aus gemischtem Satz, Isabella, Muskat-Ottonel oder Sämling oder bei den sortenreinen Trestern aus Morillon-Chardonnay, Müller-Thurgau, Ruländer, Sämling, Sauvignon oder Schilcher voll auf ihre Rechnung.

„Was hat Sie denn dazu bewogen, mitten in der Südsteiermark etwas so typisch Italienisches wie Aceto Balsamico zu erzeugen?", wollte der Schauspieler wissen und war gerade hin und weg vom Pfirsich-Balsamico.

„Nicht zuletzt meine Freude am Experimentieren und die Tatsache, die perfektesten Früchte direkt vor meiner Haustür zu haben", antwortete Weinstock und fuhr fort: „Aceto hat ja nichts mehr mit herkömmlichem Essig zu tun: Der Säuregehalt liegt je nach Frucht und Dauer der Fassreifung zwischen drei bis vier Prozent. Jahr für Jahr verliert der Balsamico durch den Ausbau in den Holzfässern an Volumen und verdichtet dadurch Aromen und Extrakte. Und er wird – je länger er lagert – in immer kleinere Fässer gefüllt. Mein kleinstes Fass fasst zehn Liter."

Und so zählten zu Weinstocks kleiner, aber sehr feiner Serie Traminer-, Isabella-, Muskateller-, Zweigelt- sowie Sämling-, Kirsch-, Apfel- und Pfirsich-Balsamico. Einige allerdings müssen noch jahrelang in den Fässern aus Akazien-, Eichen-, Maulbeer- und Kirschholz ruhen, ehe sie für die Abfüllung geeignet sind.

„So lange haben wir heute blöderweise nicht mehr Zeit", blies der Journalist zum Aufbruch. Inzwischen war es recht spät, und in Wahrheit wollten wir ja irgendwann rasten. Aber ein Achtel beim Tement, das nahmen wir am Rückweg dann doch noch …

Felix Weinstock, Zieregg 2, 8461 Berghausen, Tel. u. Fax 03453/40 09
E-Mail: mehr@felix-weinstock.at, www.felix-weinstock.at

Manfred Tement, Weingut Zieregg 13, 8461 Berghausen, Tel. 03453/41 01-0
E-Mail: weingut@tement.at, www.tement.at

Auch Senf und diverse Chutneys zählen im Hause Weinstock zum vielfältigen Sortiment.

Felix Weinstock und sein unglaubliches Sortiment an Essigen aller Art.

Süd Steiermark

Ein Wein mit Hut

"Im November sollten wir eigentlich nochmal in die Gegend kommen", befand der Schauspieler, nachdem wir am darauf folgenden Vormittag unsere Zelte am Fuße der Südsteirischen Weinstraße abgebrochen hatten und uns auf den Weg zur Sausaler „Konkurrenz" machten. „Im November gibt's dann nämlich den Junker, und der feiert heuer seinen 20. Geburtstag."

Wir wollen dem Junker an dieser Stelle gratulieren und ihn rühmen.

Am 27. November 1987 wurde er also erstmals präsentiert, der echte Junker, den man an zwei Dingen auf den ersten Blick erkennt: am Etikett und an der Kapsel. An diesen beiden Stellen muss er den Steirerhut mit dem Gamsbart tragen, und auch das „R" als Zeichen der registrierten Marke muss zu sehen sein. Heute muss man übrigens nicht mehr bis zum 27. November warten, heute kommt der Junker bereits immer am Mittwoch vor Martini auf den Markt.

Dass der Junker Geschmack hat, erkennt man aber nicht allein an seiner eleganten Aufmachung mit Steirerhut und Gamsbart. Früh und immer vollreif geerntet und bei kontrolliert niedriger Temperatur vergoren, besticht er vor allem durch seine helle Farbe. Und auch der Duft spielt alle Stückeln. Das Bukett fruchtig, oft ungestüm, manchmal feinnervig, aber immer von den Aromen der verwendeten Sorten geprägt. Und am Gaumen präsentiert er sich leicht und mit dicht strukturiertem Körper.

„Woher kommt der Name?", wollte der Journalist wissen, und wenn der Schauspieler an seiner Seite schon ein „gelernter" Steirer ist, dann weiß er die Antwort. Klar. „Früher", dozierte er, „wurden die Söhne der steirischen Herzogtümer gerne Junker genannt. Das Wort soll also sowohl Jugendlichkeit als auch adelige Abstammung signalisieren. In den Statuten der Winzergemeinschaft wird darauf übrigens Bezug genommen. Da heißt es: *Ein junger Wein soll es sein, aber einer von edlem Geblüt*".

Der Steirerhut ist aber nicht nur das Markensymbol für den Junker, sondern er transportiert auch die Philosophie und Identität dieser Weinlinie. Als Vorbild des Junkerhuts fungierte übrigens der Herzoghut des steirischen Erzherzogs Johann, der als einer der größten Förderer des steirischen Weinbaus galt. Nichts lag also näher, gerade ihm in dieser Marke Reverenz zu erweisen.

Eine kleine Gemeinschaft von Winzern, neun an der Zahl, hatte sich also vor über 20 Jahren das Ziel gesetzt, qualitativ hochwertige Jungweine zu produzieren. Ungewöhnlich daran war die Kombination von hoher Qualität und Jugend. In den Jahren nach dem Weinskandal entdeckten zwar viele Winzer, dass die Konzentration auf Qualität Gebot der Stunde war, doch die Weine, die sie erzeugten, hatten meist längere Reifezeiten und kamen selten vor dem Frühling des Jahres nach der Lese in die Flasche. Jung gefüllt und sofort getrunken wurden nur die einfachen Tafelweine,

Der Junker – eine steirische Erfolgsgeschichte.

die meist beim Heurigen und in der Buschenschank offen ausgeschenkt wurden. Mit Jungweinen, die bereits im November trinkfertig auf dem Tisch standen und dennoch qualitativ zum obersten Segment gehörten, bewiesen die Schöpfer des Steirischen Junkers wahrlich eine goldene Nase. So gibt es heute in ganz Österreich zahlreiche Jungweine, die schon im Herbst auf den Markt kommen, doch der Steirische Junker verfügt über einen gewaltigen Vorsprung: Als 1995 die Marktgemeinschaft Steirischer Wein den Schutz und die Kontrolle der Marke übernahm, waren es bereits 100 Weinbauern, die jedes Jahr einen Teil ihrer Weine noch im Herbst des Erntejahres auf den Markt brachten. Inzwischen ist die Zahl der Mitglieder auf über 300 angewachsen. Im Jahr 2006 wurde erstmals die Zahl von einer Million produzierten Flaschen überschritten. Und die Nachfrage ist weiter im Steigen.

Dennoch: Junker werden ist keine leichte Sache. Die rigorose Prüfung der Marktgemeinschaft Steirischer Wein garantiert, dass den Namen nur hochwertige Produkte tragen. Als Junker kommen daher nur Qualitätsweine in Frage, Produkte der Kategorien Tafelweine oder Landweine fallen gnadenlos durch. Auch gibt es den Steirischen Junker nur als trockenen Wein – genau genommen als knochentrockenen. Denn die Marktgemeinschaft Steirischer Wein toleriert lediglich einen Restzucker von vier Gramm pro Liter, wobei laut EU-Weingesetz eine Restsüße von bis zu neun Gramm noch als trocken bezeichnet werden dürfte. Und auch die Leichtigkeit ist vorgeschrieben, denn kein Junker weist mehr als zwölf Prozent Alkohol auf.

Da man sich diese wunderbaren Eigenschaften nicht verderben will, wird der Junker im Stil der steirischen Klassik ausgebaut: kein biologischer Säureabbau, keine Verwendung von Holzfässern, kein Barrique-Einsatz. Botrytistöne gelten ebenfalls als verpönt. In den überwiegenden Fällen handelt es sich beim Steirischen Junker um einen Weißwein. Großer Beliebtheit erfreuen sich aber mittlerweile auch Schilcher-Junker, und einige Winzer hatten erst Erfolge mit roten Junkern. Junkerbauern genießen und nutzen also in der Wahl der Traubensorten viele Freiheiten, in der Praxis dominieren jedoch früh reifende Sorten. Die Sorten Weißburgunder, Morillon, Sauvignon blanc sowie Cuvées werden häufig zum Junker vinifiziert.

„Also, wie schaut's aus im November?", ließ der Schauspieler nicht locker. „Erweisen wir dem Junker die Ehre?"

„Ehrensache", sagte der Journalist.

Mit weißem Junker fing es an, inzwischen erobern aber auch Schilcher- und rote Junker neugierige Gaumen.

Marktgemeinschaft Steirischer Wein, Hamerlinggasse 3, 8010 Graz
Tel. 0316/80 50-1435, Fax 0316/80 50-1997
E-Mail: schummer@steirischerwein.at, www.steirischerjunker.at

Kurze Pause, warmes Schwein

Jetzt waren wir also auf dem Weg von der Südsteirischen zur Sausaler Weinstraße. Und selbstverständlich nahmen wir nicht den direkten.

„An der Erika vorbeizufahren und nicht bei ihr einzukehren, käme einem Frevel gleich. Wir machen also eine kurze Pause, denn diese Oase darf ich euch nicht vorenthalten", erinnerte sich der Schauspieler an einen ihm wohlbekannten Buschenschank und befahl kurz vor Gamlitz eine Richtungsänderung. „Dort vorne müssen wir links abbiegen."

Kurz danach ging es steil bergauf, durch den Wald durch, und dann standen wir auf einem völlig verwaisten Parkplatz. „Deine Erika wird noch nicht offen haben", befürchtete der Journalist mit einem Blick auf die Uhr. Es war kurz nach zehn.

„Stimmt, aber sie wird da sein und alles für den Tag vorbereiten."

Zu Fuß noch zwei, drei Minuten einen von Obstbäumen gesäumten Trampelpfad entlang, und dann waren wir oben am Grat. Und was uns hier erwartete, war nicht nur ein zum Weinen schöner Rundumblick über das Land, sondern vor allem die Erika, die gerade mit einem Reindl in den Händen auf dem Weg vom Nebengebäude ins Haupthaus war.

Erikas Buschenschank mit Blick ins weite Land.

Warmer Schweinsbraten außerhalb der Öffnungszeit. Oder auch: ein Frühstück im Buschenschank Erika. Ein unvergessliches ...

Beinahe hätten wir aufs Begrüßen vergessen und gleich gefragt, wonach es da so himmlisch gut roch. Und nachdem wir erfahren hatten, es würde sich um einen ganz frischen Schweinsbraten handeln, war das zweite Frühstück in der Sekunde beschlossene Sache. Und Emilia hörte gar nicht mehr auf, um die Beine der Wirtin zu tanzen und ihr Liebesbekundungen zu machen.

„Bis ich aufsperre, ist er ausgekühlt", erzählte die Erika, der vor Jahren einmal eine anonyme Anzeige ins Haus geflattert war, weil sie – was in Buschenschanken ja streng untersagt ist – warme Speisen im Angebot hatte, wenn auch nur ganz inoffiziell. „Und schuld daran war ich selbst", fuhr sie fort und lachte laut, „weil ich in einem Radio- oder Fernsehinterview meinen Schweinsbraten gelobt hatte. Und zwar meinen warmen ..."

„Lauwarmer Schweinsbraten, dazu ein Viertel Sturm, und das am helllichten Vormittag. Das nenne ich eine stilvolle Verabschiedung von der Südsteirischen Weinstraße", sagte der Fotograf. „Prost, Mahlzeit."

„Was haben wir über Sturm gelernt?", ätzte der Journalist.

„Stimmt, also Mahlzeit. Ganz ohne Prost."

„Quasi Doppel-Mahlzeit", kam es vom Schauspieler.

55

Das Schwein war überirdisch.

Und während wir so dasaßen und die Kruste des Bratens lautstark krachte, überkam uns trotz aller Vorfreude auf das Gebiet rund um die Sausaler Weinstraße ein wenig die Wehmut – und auch ein schlechtes Gewissen, vor allem den Journalisten.

„Haben wir wirklich alles von der Südsteirischen Weinstraße gesehen?", äußerte er leichte Zweifel. Vermutlich eine Berufskrankheit.

„Sicher nicht alles, alles ist unmöglich. Aber sehr viel. Und bedenke, das war erst der erste Teil der Südsteiermark", beruhigte der Schauspieler, lehnte sich zurück, ließ verträumt die Blicke schweifen und sinnierte. „Was ich nicht verstehe und in Wahrheit auch ziemlich eigenartig finde, ist die Tatsache, dass man die Südsteiermark immer wieder als die Toskana Österreichs bezeichnet. Sagt irgendeiner in der Toskana, die Toskana wäre die Südsteiermark Italiens? Keiner sagt das. Die Südsteiermark ist so unendlich schön und vor allem so unendlich eigenständig und einzigartig, dass jeder Vergleich überflüssig ist. Die Südsteiermark spricht für sich."

„Wie wahr", pflichtete der Fotograf bei und griff zur Kamera, um einmal mehr den Beweis anzutreten, wie richtig diese These war.

„Und wisst ihr, dass die Südsteirische die erste Weinstraße Österreichs war?", trumpfte der Journalist mit angelesenem Wissen auf. „Es gibt sie seit 1955 und für viele Winzer und Bauern ergab sich durch sie erst die Möglichkeit, sich eine eigene Hofzufahrt zu verschaffen."

„Sehr gut, setzen", lachte der Fotograf.

„Ich weiß bitte auch was, Herr Lehrer", mischte sich nun auch der Schauspieler ein. „Ich weiß, was der Welschlauf ist. Und ihr?"

Süd Steiermark

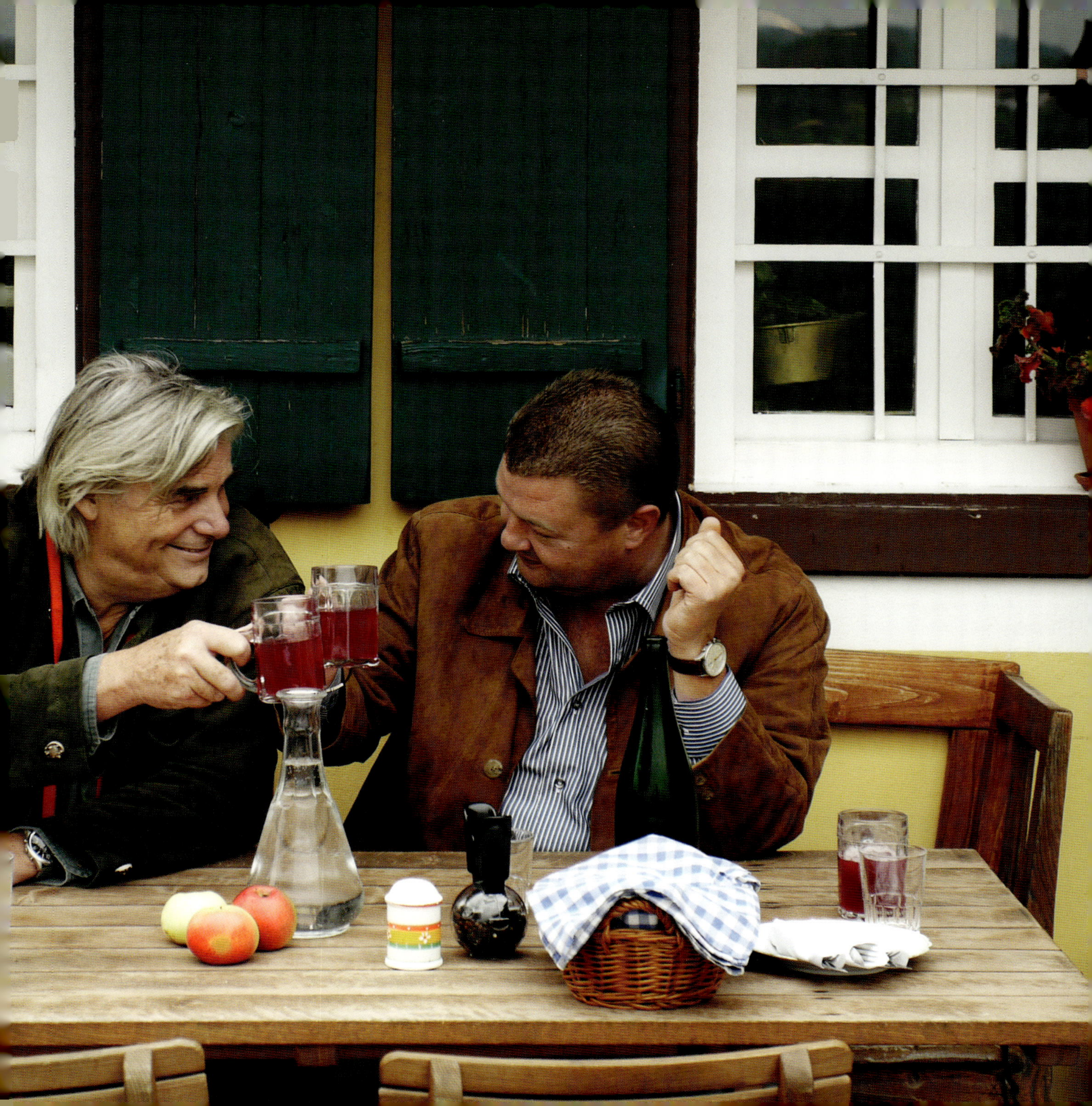

Ein Ausblick wie im Bilderbuch. Erikas Buschenschank nahe Gamlitz ist ein Muss für Besucher der Südsteiermark.

Fotograf und Journalist schüttelten beschämt den Kopf. „Klingt nach Sport, irgendwie", wagte sich der Fotograf dann doch vor.

„Stimmt", sagte der Schauspieler und setzte an, zu erklären. Hier die Zusammenfassung:

Der Welschlauf findet jedes Jahr am ersten Samstag im Mai statt und ist ein Marathon, der die Schilcher-Region mit Start in Wies mit der Welsch-Region mit Ziel in Ehrenhausen verbindet. Oder umgekehrt, das ändert sich von Jahr zu Jahr. Es geht entlang der Südsteirischen Weinstraße, vorbei an den rebenbewachsenen Hängen und durch die idyllischen Weinorte, wobei insgesamt 1.440 Höhenmeter zu überwinden sind. Und wer es nicht ganz so extrem will, der läuft den Halb- oder Viertelmarathon. Die gesamte Strecke ist übrigens in beide Richtungen ganzjährig beschildert. Wer den Mai also nicht erwarten will ... Bloß gibt es unterm Jahr eben nicht die 21 Oasen an der Strecke, die sowohl Läufer als auch Zaungäste vor dem Austrocknen bewahren. Und hartnäckigen Gerüchten zufolge soll es hin und wieder durchaus vorgekommen sein, dass der eine oder andere Läufer lieber zu einem Glaserl Welschriesling oder Schilcher statt zu einem Becher mit isotonischen Getränken gegriffen hat – eine durchaus verständliche Entscheidung.

„Das ganze hat jedes Jahr regelrechten Volksfestcharakter", schloss der Schauspieler, und dann wollte auch der Fotograf mit seinem Wissen nicht länger hinter dem Berg halten.

„Welcher ist mit rund 47.000 Einwohnern der mit Abstand größte Naturpark Österreichs?"

„Wenn du schon so fragst, dann vermutlich das Steirische Weinland", glaubte der Journalist zu wissen.

„Glaub ich nicht, denn das gesamte Steirische Weinland muss viel mehr als nur 47.000 Einwohner haben", zweifelte der Schauspieler.

„Da hast du vollkommen Recht. Der größte ist das Südsteirische Weinland und erstreckt sich vom Sausal bis nach Spielfeld und entlang der slowenischen Grenze bis nach Oberhaag."

Emilia war das alles herzlich egal, die hatte von irgendwem, vermutlich von Erika, einen riesigen Knochen bekommen.

„Kann ich euch noch irgendetwas Gutes tun? Kuchen? Oder noch ein Viertel Sturm", wollte Erika wissen. Wir lehnten dankend ab. „Wir sind schon wieder auf dem Sprung", sagte der Schauspieler.

„Und wohin geht's als nächstes?"

Gute Frage, denn so genau hatten wir uns das bis zu diesem Zeitpunkt nicht überlegt. Zu sehr waren wir beschäftigt mit Schweinsbraten und Staunen. „Wir sind eigentlich auf dem Weg nach Leibnitz und wollen von dort aus die Sausaler Weinstraße in Angriff nehmen. Aber einen detaillierten Plan haben wir in Wahrheit noch nicht", sagte der Journalist und hoffte, mit diesem Geständnis ein paar Tipps zu bekommen. Die Tipps bekamen wir auch, doch bevor wir nach Leibnitz fahren durften, mussten wir noch ins nahe gelegene Gamlitz und ins dortige Schloss. „Das ist ein Befehl", sagte Erika, „denn dieses Schloss ist wunderschön."

Erikas Buschenschank, Fam. Breineder-Kratochwil, Kranach 3, 8462 Gamlitz
Tel. u. Fax 03453/55 65, 0676/327 19 19
E-Mail: erikas.buschenschank@1044.net, www.Erikas-Buschenschank.at

WelschLauf Südsteiermark, Plaschsiedlung 33, 8463 Leutschach, Tel. 0676/338 35 40
E-Mail: info@welschlauf.at, www.welschlauf.at

Im Schatten einer Trauerweide

"Hier haben liebe Freunde von mir geheiratet. Genau unter diesem Baum. Die Gabi und der Michael", erinnerte sich der Journalist, als das Trio den Innenhof des Schlosses zu Gamlitz betrat und vor der wahrhaft imposanten Trauerweide stand. Deren Schatten ist seit Jahren ein sehr beliebter Arbeitsplatz für Standesbeamte.

„Und? Immer noch verheiratet, deine Freunde?", wollte der Schauspieler wissen.

„Allerdings. Und verliebt wie am ersten Tag."

„Ein gutes Omen also, dieser Baum."

„Scheint so."

Generell ist Heiraten im Steirischen Weinland längst groß in Mode. Und da bieten sich nicht nur Schlösser an wie jenes in Gamlitz oder das Schloss Ottersbach in Großklein, die Schlösser Seggau, Obermayerhofen, Kornberg, Kapfenstein oder der Käsehof Abel. Ein Blick auf die Internetseite des Rebenlandes verrät, dass man auch jederzeit in einem Buschenschank „Ja" sagen kann, unter einer Weinlaube, naturverbunden mitten in den Weinbergen, auf der Schloßberger Aussichtswarte, bei der größten Weintraube der Welt auf dem Eory-Kogel und sogar in einer alten Wassermühle.

Zurück aber nach Gamlitz: Bis ins Jahr 1111 reicht die Tradition von Schloss Gamlitz, das seit jeher Dichter und Denker, Musiker und Maler, Theatermacher und viele andere Künstler in seinen Bann zog. Erbaut wurde es zwischen 1111 und 1131 und kam durch Schenkung des Grafen von Sponheim in den Besitz des Stiftes St. Paul im Lavanttal. Schon damals stand der Weinbau im Mittelpunkt, und der Messwein für das Stift wurde in Gamlitz gekeltert. Über die Jahrhunderte wechselten die Eigentümer immer und immer wieder, ehe das Anwesen um 1900 in den Besitz der Familie Melcher kam. Und bis heute stellt dieses Schloss ein gesellschaftliches Zentrum für die ganze Umgebung dar. So fand hier 1990 beispielsweise die steirische Landesausstellung „Weinkultur" statt, deren Exponate heute im Weinmuseum des Schlosses zu besichtigen sind.

„Sollten wir ein Achtel riskieren?", sprach der Schauspieler als erster aus, was alle drei dachten.

„Ein kleines ...", sagte der Journalist, und schon saßen wir wieder an einem Tisch, bestaunten die Weide und trugen Trauer, dass gerade keine Hochzeit im Gange war in diesem traumhaft schönen Hof.

„Ein sehr schöner Sauvignon", befand der Fotograf, und die beiden anderen stimmten zu.

„Hat etwas von grünem Paprika und Brennnessel", meinte der Journalist und setzte einen gespielten Kennerblick auf.

Die berühmte Trauerweide im Innenhof des Schlosses Gamlitz, in deren Schatten sehr häufig das Ja-Wort gesprochen wird.

„Und von Senfgurke", ergänzte der Schauspieler gestenreich.

„Johannisbeere nicht zu vergessen, meine Herren. Johannisbeere", war auch der Fotograf um keine Wortspende verlegen.

Die Sonne schien, wir waren schon wieder allerbester Laune, und als sich die Kellnerin dann mit dem Welschriesling einstellte, wurden wir neugierig. „Trinken wir hier eigentlich ausschließlich Ihren eigenen Wein?"

„Schmeckt er?"

„Ausgezeichnet."

„Ja, das ist der Wein des Hauses."

Siegfried Melcher und sein Sohn Arnold keltern ihn. Die Reben wurzeln in der Riede Sonneck, auf einer der besten Lagen der Steiermark also. Dazu das milde Klima, die moderne Kellertechnik sowie die nötige Erfahrung – das sind die Vorraussetzungen für den Ausbau dieser fruchtigen und reintönigen Weine.

Vater und Sohn sind freilich nur ein Teil der Familie. Einen anderen verkörpert die

Unweit von Gamlitz liegt ein wunderbar uriger Buschenschank – die Muster Stub'n.

Galeristin Jolanda Melcher, die seit 1979 ständig Ausstellungen, Konzerte, Lesungen und Kabarettabende im Schloss organisiert.

Als ein Rundgang durch die Katakomben begonnen werden sollte, fiel es dem Journalisten als erstem auf: „Ist Emilia eigentlich im Auto?" Gut zehn Minuten später waren wir wieder bei Erika. Und Emilia, immer noch mit den spärlichen Überresten des Knochens beschäftigt, schien uns nicht rasend vermisst zu haben.

Tourismusverband Gamlitz, „Die Südsteirische Weinstraße", Marktplatz 41,
8462 Gamlitz, Tel. 03453/39 22, Fax 03453/44 82, E-Mail: gamlitz.tourismus@aon.at

Weingut, Feste & Kulturerlebnis Schloss Gamlitz, Familie Melcher
Eckberger Weinstraße 32, 8462 Gamlitz, Tel. 03453/23 63, Fax 03453/45 50
E-Mail: weingut@melcher.at, www.melcher.at

Tourismusverband Rebenland Leutschach, Information & Auskunft: Gabi Forstner & Melanie Skotschnigg, Hauptplatz 2, 8463 Leutschach, Tel. 03454/70 70 10, Fax 03454/70 70 19, E- Mail: info@rebenland.at, www.rebenland.at

Abels Romantikschloss Ottersbach, Christian & Annemarie Abel
Mantrach 20, 8452 Großklein, Tel. 0664/335 66 59, Fax 03456/33 01-20
E-Mail: romantik@schloss-ottersbach.at, www.schloss-ottersbach.at

Ein Backhendl der Extraklasse, aufgespürt und sogleich verzehrt im Gasthaus Schramm in Seibersdorf.

Schloss Seggau, Kongress- und Tagungszentrum – Bischöfliches Weingut, Seggauberg 1, 8430 Leibnitz, Tel. 03452/824 35-0, Fax 03452/824 35-7777 E-Mail: schloss@seggau.com, www.seggau.at

Käsehof Abel, Andreas & Gabriele Abel, Fötschach 9, 8463 Leutschach Tel. 03454/63 84, E-Mail: info@kaesehof-abel.com, www.kaesehof-abel.com

Hochzeitsdorf, c/o Gemeinde- und Standesamt St. Oswald 8553 St. Oswald o. E. 100, Tel. 03468/815-14 E-Mail: erich.veronik@oswald-o-e.at, www.hochzeitsdorf.at

Hochzeitsschloss, Familie Graf Kottulinsky, Neustift 1, 8272 Sebersdorf Tel. 03333/25 03, Fax 03333/25 03-50, www.hochzeitsschloss.at

Schloss Kornberg, 8330 Feldbach, Tel. 03152/41 68, 0664/432 13 67, www.schlosskornberg.at

Schlosswirt im Schloss Kornberg, Tel. 03152/20 57, Fax 03152/58 24 E-Mail: office@schlosswirt.com, http://www.schlosswirt.com

Gasthaus Schramm, 8423 Seibersdorf 26, Tel. 03453/23 10

Muster Stub'n, Grassnitzberg 18, 8471 Spielfeld, Tel. 03453/28 91, 0664/481 69 28

Alles rund ums Öl – es läuft wie geschmiert

"Nein, Erika, wirklich nicht, danke. Wir holen nur den Hund." Wiewohl es uns zugegebenermaßen nicht leicht fiel, einer neuerlichen Einladung zu widerstehen. Wir mussten weiter.

Leibnitz war nicht allzu weit weg, und auf dem Weg dorthin warfen wir bei Wagna einen kurzen Blick auf die Ausgrabungen der Römerstadt Flavia Solva. Zweifellos nicht uninteressant, dennoch beschlossen wir, den Lehrgang in Kulturgeschichte zu schwänzen und lieber den Hauptplatz von Leibnitz zu suchen.

"Einen Espresso, bitte."

"Für mich auch."

"Einen dritten."

"Dieses Leibnitz ist ja eine regelrechte Metropole", sagte der Journalist und winkte der Kellnerin. "Noch einen Espresso, bitte."

"Für mich auch."

"Einen dritten. Und Wasser für den Hund."

"Das mit der Metropole ist nicht so falsch", ergänzte der Schauspieler. "Hier gibt es fast jeden Monat größere Weinveranstaltungen. Ob das jetzt die *Präsentation Südsteirischer Wein* im April ist, das *Südsteirische Herbstfest* im Oktober oder die große

Nahe Schloss Seggau liegt Heimschuh, und dort findet man die Ölmühle Hartlieb samt Museum.

Süd Steiermark

Junkerpräsentation im November. Und wenn wir nach diesem Kaffee dann weiterfahren, kommen wir im Westen der Stadt an Schloss Seggau vorbei, und das beherbergt immerhin den größten Weinkeller des Landes."

Das war das Stichwort, denn wir hatten noch einiges vor an diesem Tag. „Bitte zahlen."

Vorbei am idyllischen Sulmsee, der eingebettet daliegt zwischen dem Seggauer Schlossberg, dem Wallfahrtsort Frauenberg und der Weinbauschule Silberberg (mit angeschlossenem Weinlehrpfad und der größten Reblaus der Welt – freilich aus Blech –), ging es weiter auf der Sausaler Weinstraße in Richtung Westen. Und sehr bald landeten wir in Heimschuh. Dort also, wo am ersten Tag dieser Reise der Backhendlduft all unsere ursprünglichen Pläne über den Haufen geworfen hatte. Jetzt aber stand dem Besuch der Ölpresse Hartlieb samt dazugehörigem Kernölmuseum nichts mehr im Weg.

„Läuft ja wie geschmiert", sagte der Fotograf und hatte große Freude an seinem Wortwitz.

Hundert Jahre wurde dieser Traditionsbetrieb im Jahr 2007 alt. Und der zeitliche Wandel rund um den ursprünglich aus Südamerika stammenden Kürbis und das Kernöl wird in der Ausstellung im hauseigenen Museum, das im 1797 erbauten Müllerwohnhaus untergebracht ist, recht eindrucksvoll dokumentiert. Alle Arbeiten – vom Sähen über Unkrautbekämpfung bis hin zur Ernte – wurden ausschließlich händisch gemacht. Die frisch geernteten Kürbiskerne wurden in der Sonne getrocknet und während der Wintermonate in mühevoller Kleinstarbeit geschält. Von Dezember bis Februar brachten die Landwirte ihre Kürbiskerne dann zur Ölmühle, um sie dort zu Kürbiskernöl verarbeiten zu lassen. Die Kerne wurden in einfachen Steinmühlen gemahlen und dann händisch von Mägden mit Wasser verknetet. In etwas größeren Eisenpfannen wurde der Kernbrei über dem Holzfeuer geröstet und in einfachen, händisch betriebenen Pressen ausgepresst. Das fertige Kernöl lagerte man in Tonkrügen, weil die einen natürlichen Lichtschutz boten. Und während Kürbiskernöl früher für das ganze Jahr im Voraus produziert wurde, was der Qualität nicht wirklich zuträglich war, erzeugt man es heute wöchentlich frisch.

Fasziniert stand der Schauspieler vor einem hölzernen Gebilde, das sich „Ölkuh" nennt – die älteste bekannte Ölpresse Österreichs. „Hier steht", las er vor, „dass das Öl tatsächlich mit einem schweren Holzhammer, dem so genannten Ölschläger, *ausgeschlagen* wurde. Das muss eine Viecherei gewesen sein ..."

Um einen Liter Kernöl zu gewinnen, benötigt Josef Truschnegg, der bei den Hartliebs seit gut 17 Jahren das Kernöl presst, heute rund 2,5 Kilo getrocknete Kürbiskerne,

Wissen Sie, was eine Ölkuh ist? Nein, dann nichts wie rein ins Museum.

So wurde es früher gemacht, so macht man es heute: In der Ölmühle Hartlieb verschafft man sich einen Überblick über die Geheimnisse des schwarzen Goldes der Steiermark.

also den Ertrag aus 30 bis 35 gesunden, reifen Kürbissen. Die getrockneten Kerne werden fein gemahlen, etwas gesalzen und mit Wasser zu einem Brei geknetet. Das Wasser verhindert beim anschließenden Rösten das Anbrennen des gemahlenen Breis, des Presskuchens, wie er in der Fachsprache heißt. Das Rösten ist der wichtigste Vorgang im Produktionsablauf, denn nur durch Wärme lässt sich das enthaltene Öl vom übrigen Eiweiß trennen. Und dadurch erhält das Kernöl sein typisches Aroma. Erst wenn das beigegebene Wasser zur Gänze verdunstet ist, wird der Presskuchen in die eigentliche Ölpresse gefüllt und das Kernöl gewonnen. Dieses muss noch einige Tage ruhen, natürliche Sedimentation nennt man das, und wird schließlich abgefüllt. Freilich gibt es im Hause Hartlieb nicht nur das Kernöl zu kaufen. Die Produktpalette ist breit. Vom Haselnuss- über den Chilisenf, vom Gurken- über den Birnenessig, vom Edelbrand über den Blütenhonig bis hin zu Keramik-Lichtern in Kürbisform gibt es hier allerlei, was den Besuch wahrlich lohnt.

„Jetzt eine Sulz mit Kernöl, das wär's. Oder einfach ein lauwarmer Erdäpfelsalat. Oder, noch besser, Käferbohnen mit Zwiebeln und Kernöl." Der Schauspieler hatte schon wieder Appetit und fuhr dozierend fort: „Wisst ihr denn überhaupt, wie unglaublich gesund Kernöl ist? Erstens ist es cholesterinfrei und zweitens enthält es ganz besondere Phytosterole, und die wiederum wirken absolut positiv auf die Prostata. Daran muss ein Mann meines Alters bekanntlich schon denken. Also?"

„Was du alles weißt. Aber Whisky soll angeblich auch sehr gesund sein", warf der Journalist ein und gab damit das nächste Ziel vor.

„Alles eine Frage der Menge", gab der Fotograf zu bedenken. „Aber ich weiß, was du mit dieser Bemerkung sagen willst ... Also: Auf zum Weutz. Der Hunger unseres Freundes auf die Käferbohnen muss warten."

Ölmühle Thomas Hartlieb, 8451 Heimschuh 107, Tel. 03452/825 51-0, Fax 03452/847 56, E-Mail: office@hartlieb.at, www.hartlieb.at

Steirisches Kürbiskernöl, www.steirisches-kuerbiskernoel-gga.at, E-Mail: office@steirisches-kuerbiskernoel-gga.at

Logisch, dass man in der Ölmühle Hartlieb nicht nur schauen kann, man kann auch vom Allerfeinsten kosten und kaufen.

Der steirische Whisky

Von Heimschuh zurück in Richtung Leibnitz und kurz vor dem Sulmsee links weg, so kamen wir auf jene Straße, die uns schließlich nach St. Nikolai im Sausal führte. „Dort müsst ihr hin, wenn ihr zum Weutz wollt. Und zu dem solltet ihr unbedingt wollen", hatte uns auch Erika als Pflichtprogramm mit auf den Weg gegeben, als uns am Vormittag, und das kann nicht oft genug erwähnt werden, ihr Schweinsbraten ein unvergessliches zweites Frühstück war.

Die Destillerie Weutz hat es tatsächlich in sich. Das bezieht sich weniger auf den hochprozentigen Inhalt ihrer Produkte, sondern auf die Leute, die sie betreiben, und auf das mit sehr viel Liebe und Geschmack hergerichtete Anwesen als solches. Da gibt es zum einen den „alten Boden", wie Michael Weutz ihn nennt, mit seinem revitalisierten Winzerhaus, und den „neuen Boden", einen schwebenden Glaskubus, aus dessen Zentrum das Herzstück einer jeden Brennerei – der Brennkessel – ragt. Hier werkt er, der Meister, hier lässt er seiner Kreativität und seiner Phantasie freien Lauf, hier tüftelt und probiert er, während seine Frau Brigitte die (guten) Geschäfte führt.

„Das beständige Erfolgsrezept ist die Ehrlichkeit. Nur mit Faszination und Liebe an der Arbeit, kommt ein Ergebnis zum Vorschein, das für unsere Kunden spürbar wird", sagt Brigitte, die Philosophin in der Familie. „Das gute Leben spiegelt sich in der Fähigkeit wider, Glück empfinden zu können. Während das Glück wie eine Mutter ein Auge auf die Aufmerksamkeit wirft, schließt diese mit der Achtsamkeit ein Bündnis. Die Achtsamkeit findet ihre Nahrung in den kleinen Dingen des Lebens, welche unserer Wahrnehmung bedürfen. Die Wahrnehmung ist sensibel und breitet ihre Fühler aus, wir zeigen ihr die Richtung."

„Dem ist wenig hinzuzufügen", sagte der Schauspieler, während Emilia ungewohnte Gerüche schnupperte.

Einst war sie ein Geheimtipp, diese Brennerei. Ziemlich versteckt, eigentlich nicht größer als ein Wochenendhaus und zu Beginn lediglich eine Empfehlung unter Freunden und Bekannten. Der Bekanntheitsgrad aber wuchs zeitgleich mit der Sortenvielfalt, und das Experimentieren, das inzwischen immerhin auf über 15 Jahre zurückgeht, fand seine Erfüllung im Weingartenpfirsich, in der Wildkirsche oder im Bioparadeiser.

Vielleicht war es Zufall, dass die Brennerei irgendwann beschloss, auch Bierbrand herzustellen. Dazu bedurfte es einer Brauerei, und die fand Weutz in der Hausbraue-

Ein Paar, das für Furore sorgt. Michael und Brigitte Weutz, die Whisky-Brenner aus St. Nikolai.

rei Löscher. Die wiederum liebäugelte schon lange mit der Gerste, sprich dem Whisky. Möglicherweise also doch kein Zufall, sondern eine zwingende Fügung. Und bald darauf präsentierten die beiden Betriebe gemeinsam den ersten echten steirischen Single Malt.

Michael Weutz, ein absolut erdiger und ungemein gewinnender Typ mit breitkrempigem, verlottertem Hut, ist stolz auf das, was er gemeinsam mit seiner nicht minder sympathischen Frau über die Jahre geschaffen hat. „Es werden nur Rohstoffe in voll-

Zwar sieht's hier weder irisch aus noch schottisch, und dennoch gibt's hier echten Whisky.

Ein Blick ins Innere. Michael Weutz in seiner Brennerei und drunter kleine Flaschen mit großem Inhalt.

Süd Steier mark

reifem Zustand aus besten Lagen geerntet", erzählt er. „Die Früchte werden sorgfältig von Hand sortiert, gewaschen und wenn nötig auch noch händisch entkernt. Nur mit dieser hochwertigen Maische lässt sich ein erstklassiger Brand destillieren. Nach Abschluss der Gärung wird der Brennvorgang so rasch wie möglich durchgeführt, um das Maximum an Aromastoffen beizubehalten. Und mit dem übrigens ganz nach unseren Vorstellungen gefertigten Kolonnen-Kessel, der dem neuesten Stand der Technik entspricht, kann eine optimale Destillation durchgeführt werden."

Optimal destilliert, mindestens sechs Monate gelagert und zum Teil im Eichenfass ausgebaut, werden heute Steinobstbrände wie Zwetschge, Wildpflaume, Wildkirsche oder Marille, Kernobstbrände wie Williamsbirne, Birnenquitte oder Apfel, Traubenbrände wie Schilcher, Traminer und Riesling Sylvaner, diverse Traubentrester und nicht zuletzt die Sondersorten – Vogelbeere, Mispel Aqua Vitae, Holunder oder Kiwi.

„Aber wenn die optimale physiologische Reife einer Frucht nicht gegeben ist, dann kann es schon mal passieren, dass wir sie in einem solchen Jahr einfach aus unserem Programm nehmen", sagt Weutz und unterstreicht damit seinen Qualitätsanspruch. „Weniger ist manchmal mehr."

Dass es im Weutz'schen Sortiment neuerdings auch Wodka gibt, verwundert übrigens kaum. Und man darf gespannt sein, was da als nächste große Überraschung folgt ...

„Aber jetzt, Freunde, jetzt habe ich wirklich Hunger", sagte der Schauspieler.

Destillerie Weutz, St. Nikolai Nr. 6, 8505 St. Nikolai im Sausal, Tel. 03185/344 40, Fax 03185/344 44, E-Mail: destillerie@weutz.at, www.weutz.at

Was sich in diesen kleinen Flaschen alles verbergen kann. Nicht bloß Zwetschge, Marille, Wildkirsche oder Apfel. Beim Weutz gibt's auch Sondersorten wie Mispel oder Kiwi.

Im Winzerzimmer

Wir taten gut daran, dem Ratschlag der Familie Weutz zu folgen, denn wir speisten ganz vortrefflich in dem mit einer Haube ausgezeichneten „Gasthof zur Post" in St. Nikolai. Den führen zwei Schwestern, Johanna und Katharina Reinisch, und in der liebevoll handgeschriebenen Speisekarte stand folgendes zu lesen: „Nicht im Was, nur im Wie liegt bei Tisch die Poesie – denn wenn sich Herz und Munde laben, will das Auge auch was haben."

Wie wahr. Und nachdem wir unseren Hunger ohne jegliche Hast und in zahlreichen Gängen gestillt und uns überdies im besten Sinn des Wortes satt *gesehen* hatten, standen wir vor einer nicht ganz unwesentlichen Frage: Wo werden wir schlafen? Wir hatten doch tatsächlich völlig darauf vergessen, uns um ein Bett für diese Nacht zu kümmern. „Den Herren kann geholfen werden", ließen uns die Schwestern wissen, und ein oder zwei Telefonate später waren wir untergebracht. Und das nicht irgendwie, sondern wieder in einem Winzerzimmer.

„Warum heißen manche Gästezimmer im Steirischen Weinland eigentlich Winzerzimmer", wollte der Fotograf wenig später von unserem Quartiergeber wissen, der noch zu später Stunde mit ein paar anderen Gästen in der Wirtsstube bei einem

Ein Ausblick wie dieser ist quasi zwingend, will man sein Gästezimmer Winzerzimmer nennen dürfen.

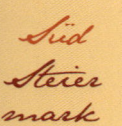

Süd Steiermark

Glaserl Weißwein saß. Wir gesellten uns selbstverständlich dazu.

„Weil Winzerzimmer keine gewöhnlichen Gästezimmer sind. Um seine Zimmer Winzerzimmer nennen zu dürfen, gilt es, ein paar Auflagen zu erfüllen. Winzerzimmer ist sozusagen eine Markenbezeichnung", erklärte der Mann und begann aufzuzählen.

Demnach sind Winzerzimmer meist größer als herkömmliche Zimmer, mit möglichst geräumigen Bädern und vielen Verbindungen zum Weinland – dekorativen in Form von Bildern, nützlichen in Form von Weinbüchern und Informationsmaterial aus der und über die Region. Überdies muss der Winzerzimmervermieter alles über den Steirischen Wein wissen, er ist quasi Auskunftsbüro. Er ist entweder selbst Weinbauer oder hat ein Partnerweingut. Ein Glas Wein oder gleich eine ganze Flasche als Begrüßungsgeste auf dem Zimmer gilt als Selbstverständlichkeit. Ebenso selbstverständlich kann man direkt beim Hausherren Angebote zu unterschiedlichsten Themen wie Führungen, Weinveranstaltungen bis hin zu Kutschenfahrten buchen. Betriebe, die Winzerzimmer anbieten, verpflichten sich außerdem, in ihrer Gastronomie ausschließlich Produkte aus der Region zu verwenden. Und im Idealfall blickt man vom Fenster oder vom Balkon seines Winzerzimmers direkt in einen Weingarten. „Was angesichts der Dichte an Weingärten keine allzu schwierige Übung ist", bemerkte der Schauspieler.

Dann tranken wir noch ein Achtel, ehe wir selig entschlummerten.

Winzerzimmer, www.steirisches-weinland.at/
Aktuelle-Winzerzimmerangebote

Papier ist nicht gleich Papier

Mirjam Winkler hatte eine Idee. Und mit dieser sorgte sie für Furore. Sie stellt Kürbispapier her und mit und aus diesem noch allerhand mehr.

Der gute Mann hatte etwas ganz Entscheidendes vergessen, als er am vorangegangenen späten Abend über die Vorzüge von Winzerzimmern referiert hatte. Das Frühstück nämlich scheint für Leute gedacht, die am Vortag nicht haubengekrönt oder sonst wie gespeist, sondern tagelang keinen Bissen mehr zu sich genommen haben. Schinken, Wurst, diverse Käse, selbst gemachte Marmeladen, bestes biologisches Joghurt, weiche Eier, die nach etwas schmecken, Schinken mit Ei, Speck mit Ei, Kernöleierspeis, saftiges Schwarzbrot, frische, noch lauwarme Semmeln. Bloß der Verdauungsschnaps, der ist nicht dabei …

„Ist euch gestern in der Ölmühle Hartlieb eigentlich dieses Kürbispapier aufgefallen, das sie dort verkaufen? Das war wunderschön", erinnerte sich der Fotograf und ließ wie zufällig ein Stück Schinken zu Boden fallen. Emilia dankte mit lautem Schmatzen. „Ja, habe ich gesehen", sagte der Journalist, griff in die Jackentasche und zog einen Prospekt hervor, den er auf dem Zimmer gefunden hatte. „Da, schaut. Muss ganz in der Nähe von hier sein."

Satt für sechs setzten sich die drei wenig später in den Wagen und fuhren weiter Richtung Kitzeck, wo Mirjam Winkler in Gauitsch einem Handwerk nachgeht, das sehr viel mit Kunsthandwerk zu tun hat: Sie schöpft Papier, allerdings nicht irgendeines. Wer ihre Visitenkarte in Händen hält, fühlt sofort den Unterschied. Papier ist eben nicht gleich Papier.

„Am Anfang", erzählt die aus Vorarlberg stammende Modedesignerin, Malerin und Grafikerin, „lagen zwei Dinge. Zum einen ungeheure Mengen leerer Kürbishälften auf den Äckern und zum anderen für mich auf der Hand, daraus etwas zu machen. Und da es sich um sehr faseriges Material handelt, entstand rasch die Idee, aus Kürbisresten Papier und Papierprodukte herzustellen".

Erste Versuche im tradierten Schöpfverfahren zeigten ein erstaunlich stabiles, beständiges Papiergefüge bis hin zur Kartonstärke, außerdem eine ungemein breite Palette an Struktur- und Designmöglichkeiten. So wurde das „Projekt Kürbispapier" endgültig ins Leben gerufen. Das Rezept zum Erfolg: Zehn Kilo Kürbis ergeben einem Kilo Trockenmasse. Nach der Zerkleinerung der trockenen Fasern kommt wieder Flüssigkeit dazu, danach wird mit einem Sieb Faserbrei geschöpft, der anschließend zum Trocknen ausgelegt wird. Schon hat man wieder ein Blatt Kürbispapier. So simpel, so genial.

„Im Sinne effektiver Nachhaltigkeit ist es unser großes Ziel, eine Manufaktur mit mehreren Standorten der Papierverarbeitung in der Region aufzubauen, die regionalen Ressourcen nützt. Damit wird der steirische Ölkürbis um einige sehr interessante Facetten reicher, erhöht die Wertschöpfung in der Region und schafft neben neuen

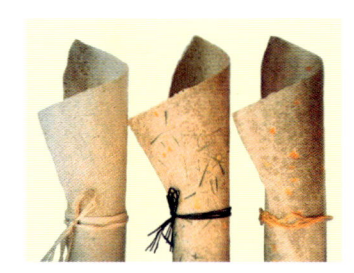

Inzwischen gibt's neben kunstvollen Schreibbüchern und vielen anderen Produkten auch Kürbispapier, das druckertauglich ist.

Arbeitsplätzen auch noch einen Mehrwert für Kunden und Lieferanten", umreißt die Unternehmerin ihre ehrgeizigen Pläne.

Druckertaugliche Blätter aus hundert Prozent Kürbispapier zu produzieren, ist Winkler bereits gelungen. Noch wesentlicher ist freilich der touristische Aspekt. Mit der Errichtung einer Schaumanufaktur soll sich das Angebot schon bald erweitern, Erlebnis-Workshops, Seminare und Kinderprogramme sind geplant. „Mittel- bis langfristig streben wir an, Papier-Verpackungsmaterial, die Dienstleistung *Design*, Geschenksartikel und Beleuchtungsobjekte aus Kürbispapier zu kreieren und zu vermarkten."

„Ein Brief an einen Freund oder an die große Liebe, handgeschrieben mit Tinte auf so einem Papier, das wäre fast schon kitschig schön", schwärmte der Schauspieler. Und schon ging es wieder weiter.

Kürbispapier Mirjam Winkler, Viererschlössl, 8442 Kitzeck
E-Mail: mirjam.winkler@kuerbispapier.at, www.kuerbispapier.at

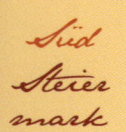

Hoch hinauf zum Klapotetz

"Das ist allerdings nicht minder kitschig", schwärmte und staunte der Journalist in Anspielung auf den noch zu schreibenden (oder noch zu erhaltenden) Brief auf Kürbispapier, als das Trio in Kitzeck, einem der höchst gelegenen Weinorte Europas, angekommen war. Die Sonne stand wie hingemalt und noch nicht allzu hoch am blauen Himmel, das Land rundherum öffnete sich, und der Blick ins schier Unendliche raubte einem wahrlich die Sinne.

„Da bist allerdings wirklich sprachlos ..." Und vor lauter Schauen vergaß der Fotograf für Momente aufs Fotografieren.

„Wollen wir ins Weinmuseum? Das wäre hier im Ort", entnahm der Journalist dem Prospekt.

„Später vielleicht, wenn das Wetter schlecht wird. Am Nachmittag soll es regnen. Jetzt schlage ich vor, wir machen noch ein paar Höhenmeter und schauen uns oben auf dem Demmerkogel den größten Klapotetz der Welt an", machte der Schauspieler Programm.

Dem Klapotetz begegnet man ihm im Südsteirischen Weinland an allen Ecken und Enden und in den verschiedensten Größen. In Wahrheit ist er nichts anderes als eine Vogelscheuche. Er besteht aus einem Windrad mit Welle und Klöppeln, die durch ihr rhythmisches Geklapper die Vögel zur Zeit der Traubenreife aus den Weingärten fern halten sollen. Der Name stammt aus dem Slowenischen – *klopótec*, zu Deutsch *Klapper*. Im Slowenischen und im Österreichischen Wörterbuch ist der Klapotetz männlich, im südsteirischen Sprachgebrauch ist die Klapotetz wiederum oft weiblich, wohl abgeleitet aus „die Windmühl". In Österreich besitzt das Windrad meist acht Flügel, in Slowenien nur sechs.

Als Material zur Herstellung eines Klapotetz werden vier Holzarten benötigt: Fichte (auch Tanne oder Lärche) für die Flügel, Buche für die Klöppel, Esche oder Kastanie für den Block und Kirsche für das Schlagbrett. Letzteres darf nicht durch ein anderes Material ersetzt werden, denn nur Kirschbaumholz erzeugt schrille Töne und wahrscheinlich auch Töne im Ultraschallbereich, welche die Vögel am ehesten fern halten. Der Durchmesser des Windrades beträgt rund einen Meter. Am hinteren Ende des Klapotetz werden zudem oft Birkenbuschen als Windfahne und Gegengewicht angebracht.

Nicht alle Klapotetze stehen das ganze Jahr über im Weinberg. Einige werden nach alter Überlieferung zu Jakobi, sprich am 25. Juli, aufgestellt und entweder zu Aller-

An allen und Ecken zu finden und nichts anderes als eine Vogelscheuche: der Klapotetz.

Im Bild rechts der größte Klapotetz der Welt: 16 Meter hoch thront er in der Nähe von Kitzeck.

heiligen am 1. November oder zu Martini am 11. wieder abgebaut. Erstmals erwähnt wurde der Klapotetz 1797 in einer Handschrift. Aus dem Jahr 1832 gibt es eine bildliche Darstellung eines Schlosses bei Cilli mit einem Klapotetz, und auch Erzherzog Johann besaß 1836 auf seinem Weingut in Pickern einen solchen.

„Und wie groß ist der?", stand der Fotograf nun tief beeindruckt vor jenem auf dem Demmerkogel.

„Moment, das schlaue Büchlein wird sogleich Auskunft geben", sagte der Journalist und blätterte. „16 Meter hoch, das Schlagwerk mit Windrad hat 3,4 Tonnen, der

Eichenholzstamm 2,6 und eine Klachel wiegt 40 Kilo. Die acht Klöppel sind aus Akazienholz gefertigt, das Klangwerk aus Kirschholz und die Federn aus Fichtenholz. Und er ist dem heiligen Jakob geweiht. Bitte gut merken, morgen ist Prüfung."

Wir befanden uns in diesem Moment auf 670 Höhenmetern, und das Wetter machte keinerlei Anstalten, umzuschlagen.

„Wir werden uns, wenn wir die Sonne bis zum letzten Strahl nützen wollen, das Weinmuseum heute wohl eher schenken. Es sperrt nämlich um fünf zu", warf der Journalist in die Runde, hatte aber sogleich eine Alternative parat. „Aber ich habe heute in der Früh in meinem Zimmer in einem sehr schönen Buch über das steirische Weinland von Klaus Egle, einem Vorarlberger, geblättert. Und der preist zahlreiche, zum Teil sehr versteckte, kleine Buschenschanken hier in der Gegend an. Ich habe sie mir auf Verdacht rausgeschrieben."

Gleich der erste war ein Goldgriff – der Felberjörgl mit seinem wunderbar gemütlichen Gastgarten.

„Der Sauvignon hier im Sausal schmeckt ganz anders als auf der Südsteirischen Weinstraße. Sehr gut, aber sehr anders", bemerkte der Fotograf nach einer eingehenden Prüfung, soll heißen nach dem ersten Schluck.

„Stimmt", pflichtete der Journalist bei.

„Und das hat einen guten Grund. Nicht nur den, dass die Weinberge hier viel steiler sind und die Temperaturschwankungen zwischen Tag und Nacht größer", erklärte der Schauspieler und stellte damit nicht zum ersten Mal auf dieser Reise sein Expertentum unter Beweis. „Es liegt vor allem daran, dass das Sausal ein urgeschichtlicher Kontrapunkt zum restlichen südsteirischen Weinland ist. Im südsteirischen Becken sind die Böden durch kalkhältige Ablagerungen geprägt, entstanden aus Millionen Jahre alten Urmeeren, aus Resten von Korallen und Muscheln. Erinnert euch nur an den Keller vom Tement.

Der Sausal allerdings kam aufgrund der höheren Lagen nie mit Meerwasser in Berührung. Die Rebflächen hier sind daher großteils von Urgestein geprägt. Aufgrund dieser Bodenformen entwickeln die Weine aus diesem Anbaugebiet andere Säureanteile."

„Hut ab", sagte der Fotograf.

Zum Wohl!

Tourismusverband Kitzeck im Sausal, 8442 Kitzeck im Sausal, Tel. 03456/35 00
E-Mail: tv-kitzeck@aon.at, www.kitzeck-sausal.at

Weingut Felberjörgl, Höch 47, 8442 Kitzeck im Sausal
E-Mail: info@felberjoergl.at, www.felberjoergl.at

Salbeiwein und Korkenfrage

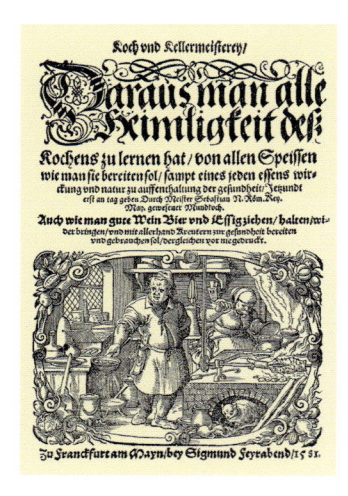

Wir waren inzwischen weitergezogen und hatten beschlossen, diesen Tag einfach Tag sein zu lassen. Es war mittlerer Nachmittag, und das Blau am Himmel strafte die Meteorologen nach wie vor Lügen. Vielleicht noch den einen oder anderen Buschenschank heimsuchen, aber keinerlei Großtaten mehr. Keine weiten Autofahrten, kein so genanntes Pflichtprogramm. Wir hatten für heute genug erledigt. Die Seele jetzt nur noch baumeln lassen, einfach plaudern, genießen, schmecken und riechen und keine Rücksicht auf Kalorien nehmen.

Als das Trio mitsamt seinem Hund das Auto also wieder einmal irgendwo am Straßenrand und nahe eines kleinen Betriebes abgestellt hatte, der Schauspieler sein Gesicht entspannt der Sonne entgegenstreckte und dabei möglicherweise ein kleines Nickerchen machte und der Fotograf durch eine Wiese stapfte, um die Landschaft einzufangen, da blätterte der Journalist wieder in seinem kleinen, nützlichen Büchlein *Steirische Buschenschenken*. Und plötzlich stieß er auf eine Seite mit dem Titel „Weinmixturen in der Volksmedizin".

„Bist du munter?", raunte er dem Schauspieler zu.

„Hmm?"

„Also nicht wirklich …"

„Doch, doch. Was gibt's?"

Inzwischen war auch der Fotograf wieder zurück von seiner Exkursion.

„Hört mal her. Hier steht zu lesen, dass es seit dem 15. Jahrhundert Schriftwerke gibt, wie man Wein behandeln muss, um eine wirksame Arznei daraus herzustellen."

„Und zwar wie?"

„Unterbrechen Sie mich nicht, verehrter Fotokünstler, es geht ja weiter. Und zwar so, dass man dem vergorenen Traubensaft verschiedene Kräuter und Öle beigemengt hat. Aus dem Jahr 1581 stammt eine Niederschrift des Meisters Sebastian, in der Rezepte aufgelistet sind, die die Herstellung von Heiltränken und deren Wirkung auf die Körperteile erläutern. Und das liest sich verdammt komisch, hört zu:

Rosmarinwein: Er wird mit Blumenöl vermischt und stärkt die Glieder, macht – damit gewaschen – schön das Antlitz, macht wohlschmeckenden Atem, hilft bei Podagra, der Gicht des Grundgelenks der große Zehe, beim Zipperlein.

Enisswein: Er öffnet der Verstopfung den inneren Weg, ist gut für das Gerinnen, mehret bei den Frauen die Milch, vertreibt Nierenweh.

Wermutwein: Er ist gut gegen Würmer, hilft der Leber, der Milz und wirkt sich gut auf die Seelsucht, die Melancholie, aus.

Salbeiwein: Er ist gut bei allen Gebrechen des Zahnfleisches, der Geäder und Glieder, hilft bei Fallsucht und bei Krampf.

Sehr früh schon wurden Bücher geschrieben, die auf die heilende Wirkung des Weines verwiesen.

Ochsenzungenwein: Er soll das Hirn reinigen und der Vergiftung melancholischer Dempff entgegenwirken.
Fenchelwein: Erweckt Unkeuschheit, entledigt Wassersucht und Aussatz, vertreibt Husten und Lungensucht, wird aber auch gegen Leber-, Milz- und Nierenleiden verwendet.
Was sagt ihr nun?"
Die anderen grinsten. „Besonders gefällt mir der Rosmarinwein gegen das Zipperlein", lachte der Schauspieler, „aber dass Fenchelwein Unkeuschheit erweckt, ist auch nicht schlecht".
„Aber was ist denn die oder der melancholische Dempff?", runzelte der Fotograf die Stirn.
„Vielleicht so eine Art Depression", vermutete der Journalist.
„Klingt plausibel, aber da bedarf es keines Ochsenzungenweines, da reicht mitunter schon ein ganz ordinärer Welsch ..."
Als wäre es ihr Stichwort gewesen, kam die Kellnerin an den Tisch. „Noch Wünsche?"
„Nachdem der Traubensaft, übrigens ganz exzellent, in erster Linie gegen den Durst war, hätten wir jetzt gern ein Flascherl Sauvignon."

"Mit Vergnügen. Hunger die Herren?"
"Später vielleicht."
Keine zwei Minuten verstrichen, da war sie wieder da und entkorkte den Weißen. Nein, sie ent*schraubte* ihn.
"Ja, ja, daran werden wir uns bald auch bei Spitzenweinen gewöhnen müssen. Echter und wirklich guter Kork ist einfach verdammt teuer", stöhnte der Schauspieler.
"Diese Schraubverschlüsse sind mir aber allemal lieber als Kunststoffkorken. Die ruinieren nahezu jeden Flaschenöffner, weil sie so furchtbar schwer rausgehen", gab der Journalist zu bedenken. "Und ganz ehrlich: Beim Weißen stört es mich überhaupt nicht, wenn kein Naturkorken drinnen ist. Ich hab' auch überhaupt kein Problem mit diesen Glasstöpseln, die es immer öfter gibt. Die sind vor allem formschön. Was ich aber gar nicht mag, sind Kronenkorken wie auf Bierflaschen. Aber bei Dopplern, wie sie sie in Wirtshäusern für den G'spritzen haben, sind sie irgendwie vertretbar."
"Gegen die Kunststoffkorken spricht angeblich etwas ganz anderes", erklärte der Fotograf. "Nicht, dass sie nicht leicht rausgehen, sondern dass man Weißweine in Wahrheit nicht länger als zwei Jahre lagern kann. Ich hab da unlängst etwas von einem gewissen Reinhold Holler gelesen. Der ist Lehrer an der Weinbaufachschule Silberberg und sagt, dass die im Stahltank ausgebauten und länger als zwei Jahre in der Flasche gelagerten Weißen eine starke Abnahme der freien schwefeligen Säure zeigen. Und damit sind die der Oxidation und in der Folge dem Verfall preisgegeben."
"Und was sagt der Herr Holler zum Schraubverschluss?"
"Den hält er für einen der am besten ausgereiften Alternativverschlüsse. Nur dass der Schraubverschluss beim Öffnen der Flasche das eigentliche Zeremoniell anders und neu definiert, und das würde Weinfreunde und Weinexperten einfach extrem polarisieren. Grundsätzlich, so sagt er, wäre dem Schraubverschluss mit rationalen Argumenten aber nicht beizukommen. Weil aber Wein mit Emotion verkauft wird, dürfe man die nicht vernachlässigen. Was so viel heißt wie: Es wird noch viel Überzeugungsarbeit notwendig sein, bis sich der Schraubverschluss wirklich durchsetzt. Wenn er es denn überhaupt tut. Dem Glasstopfen, so heißt er richtig, nicht Glasstöpsel, kann Holler übrigens auch einiges abgewinnen. Sofern der Alkohol die Weichmacher aus der Kunststoffdichtung am Glasstopfen nicht irgendwann löst."
"Und wie schmeckt euch dieser Sauvignon?", fragte der Schauspieler und wandte sich damit wieder dem eigentlich Wesentlichen zu.
"Allererste Güte", lobte der Fotograf, und der Journalist schloss sich an.
Schraubverschluss hin oder her, Hauptsache, die Flasche war offen und der Weißwein im Glas.

Der Korken: Noch hat er zwar nicht gänzlich ausgedient, doch es geht ihm schön langsam an den Kragen.

Mehr und mehr im Vormarsch auch bei allerbesten Weinen: Schraubverschlüsse oder Glasstöpsel. Emilia ist's egal, die setzt sich ein (oder zum) Denkmal.

83

60 Jahre mit Verspätung oder: Wo wir nicht waren

Die Nacht über hatte es zeitweise geschüttet. Jetzt nieselte es leicht. „Hat auch seinen Reiz", meinte der Fotograf, als wir in unserem Quartier auf einer leichten Anhöhe beim Frühstück saßen. Fernblick hatte man freilich keinen, zu tief hingen die Wolken, was unsere Stimmung nicht beeinflusste, vielmehr hatte dieses Wetter etwas ungemein Beruhigendes. Bloß Emilia war nervös, was wohl an der Katze lag, die neugierig irgendwo im Frühstücksraum unter einer Bank hervorlugte.

Es war Zeit, aufzubrechen. Schauspieler, Fotograf und Journalist hatten am darauf folgenden Tag Termine in Wien. Und plötzlich waren wir doch ein wenig im Stress. Am frühen Nachmittag stand nämlich noch ein Geburtstagsfest der besonderen Art in der Oststeiermark auf dem Programm, dazu aber später, und in Großklein, unserem allerersten Ziel, waren wir bis dato auch noch immer nicht gewesen.

„Wir haben bislang nicht nur Großklein ausgelassen", seufzte der Journalist und blätterte in seinem schlauen Weinland-Büchlein. „Da werden einige ein wenig verstimmt sein, dass sie nicht bei uns vorkommen."

Der Schauspieler schenkte Kaffee nach. „Wer zum Beispiel?"

„Na ja, waren wir im Weingut Skoff? Oder beim Tscheppe? Oder beim Gross? Und ist die Ölmühle Hartlieb die einzige Ölmühle in der Gegend? Vermutlich nicht. Außerdem gibt's Käsereien, die bekannt sind in der Gegend, es gibt den Weinkulturgarten in Eichberg, es gibt einen Mühlenwanderweg, der toll sein soll. Es gibt einfach viel zu viel ...". Den Journalisten überkam eine kleine Krise und das Wetter hatte plötzlich gar nichts Beruhigendes mehr.

„Darf ich als kleiner Fotograf den Herren Autoren einen bescheidenen Tipp geben?"

„Selbstverständlich."

„Hängt doch an die drei Kapitel über die Süd-, Südost- und Weststeiermark je ein Kapitel mit dem Arbeitstitel *Wo wir nicht waren* an. Das würde zum einen euer schlechtes Gewissen ein wenig beruhigen und zum anderen wäre es in Verbindung mit Kontaktadressen auch ein begrüßenswerter Service für den Leser."

„In Wahrheit eine ausgezeichnete Idee", schlug die Stimmung beim Journalisten schlagartig um. „Und der Arbeitstitel *Wo wir nicht waren* ist nicht nur der Arbeitstitel. Der ist als Titel gekauft. Ich schulde dir ein Achtel."

Wo wir also nicht waren:

Wir waren nicht im Weinkulturgarten in Eichberg. Dort führt ein 1,5 Kilometer langer Erlebnisweinpfad durch die steilsten Weingärten der Südsteiermark, und insgesamt 18 bebilderte Schautafeln und Gerätschaften aus früherer Zeit erzählen die Geschichte des Weinbaus. Die fünf Meter hohe und drei Tonnen schwere Urbani-

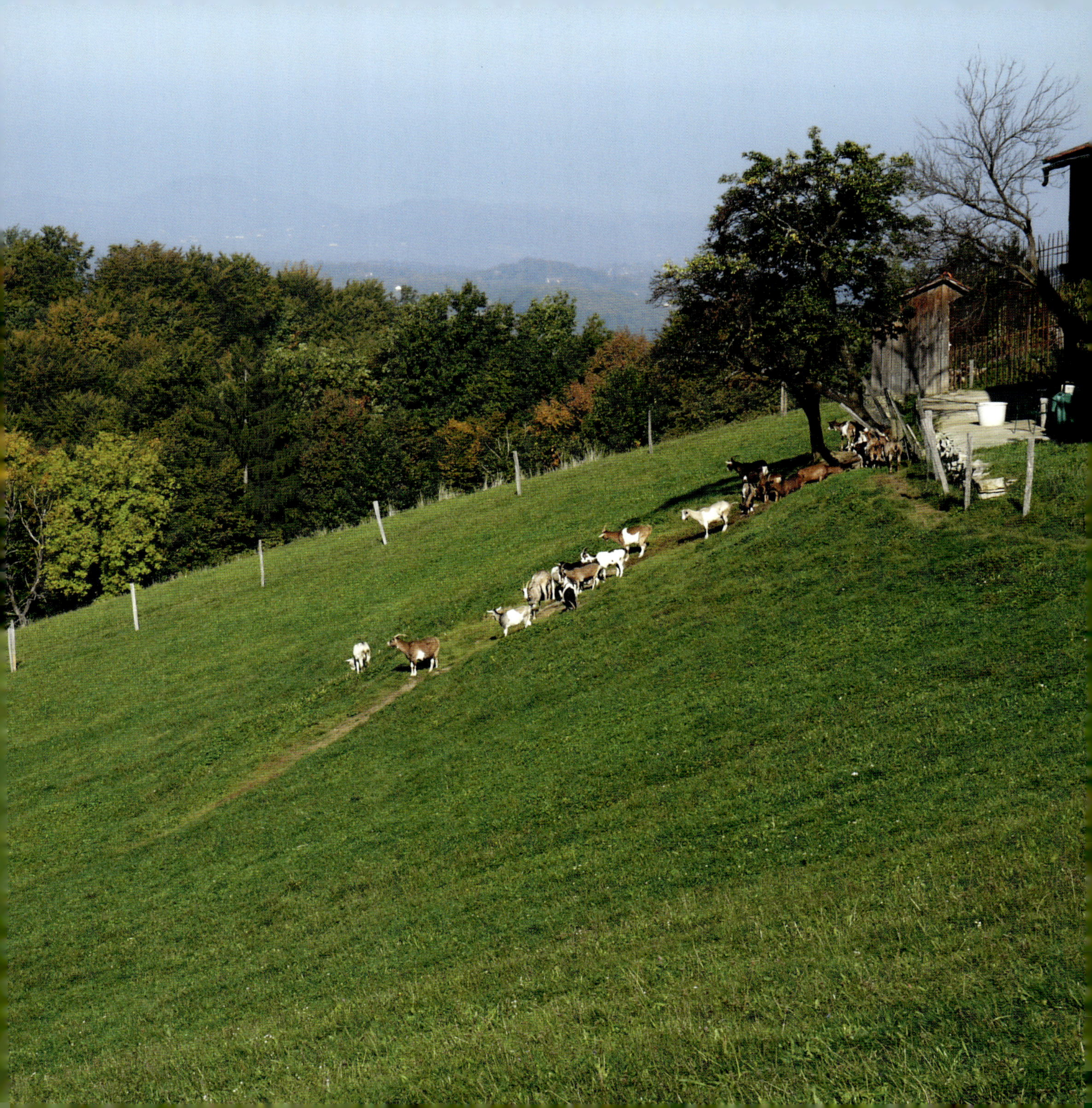

Die fünf Meter hohe und drei Tonnen schwere Urbanistatue des Künstlers Ewald Stani.

Statue des steirischen Künstlers Ewald Stani am Eingang des Lehrpfades fallen jedem Besucher sofort auf. Der Weinkulturgarten ist außer in der Lesezeit ganzjährig geöffnet.

Weinbau Lieleg-Kollerhof, Eichberg-Trautenburg 39, 8463 Leutschach
Tel. 03454/439, 0676/736 23 03, Fax 03454/439-12
E-Mail: weinbau@kollerhof.com, www.kollerhof.com

Wir waren nicht „auf Tour". Genauer gesagt, nicht auf der Glanzer Hoftour, deren Ausgangspunkt die Glanzer Weintraube darstellt. Mit einer Gesamtlänge von 22,1 Kilometern verbindet diese Wanderung neun Betriebe und dauert ohne Einkehr-Pausen rund sechs Stunden. Die neun Betriebe entlang der Strecke, jeder für sich einen Besuch wert, sind: der Weinhof Narat-Zitz, der Blumenhof Marko, der Brothof Atschko, der Himbeerhof Renner, das Landgasthaus Lamprecht, Abel's Wirtshaus am Käsehof und der Apfel-Kürbis-Ferienhof Pronegg.

Rebenland Leutschach, www.rebenland.at/Glanzer_Hoftour

Wir waren nicht bei der alten Wassermühle in Eichberg-Trautenburg. Es ist eine der letzten ihrer Art, während es in früheren Zeiten in dieser Region an die fünfzig solcher Wassermühlen gab, die zum Mahlen von Getreide und zur Herstellung von Mehl und Sterzmehl verwendet wurden. Zwölf Mitglieder der Eichberger Windmühlenrunde arbeiteten rund 900 Stunden, um wieder ein völlig funktionstüchtiges Werk zusammenzubauen. Der Großteil der Holzkonstruktion stammt aus dem Jahr 1920 und wurde originalgetreu durch fehlende Neuteile in reiner Handarbeit ergänzt. Gegen Voranmeldung ist auch eine Innenbesichtigung möglich.

Infos unter 03454/70 70 od. E-Mail: gemeindeamt@eichberg-trautenburg.steiermark.at

Wir waren nicht im Attemsmoor. Das ist ein rund 15 Hektar großes Durchströmungsmoor bei Strass und ein absolutes Muss für alle, die eine unglaubliche Pflanzen- und Tiervielfalt erleben möchten. Über Knüppelwege und Stege führt ein gesicherter Moorpfad mit mehreren Beobachtungswarten durch acht Hektar Flachmoor, den Pfad rund um das gesamte Moor kann man auch per Rad in Angriff nehmen, und Fitness-Freaks können eine Kneipp-Kur absolvieren.

Marktgemeinde Straß, www.strass.steiermark.at

Wir waren nicht im Weingut von Alois Gross in Ehrenhausen, um den berühmten Morillon vom Nussberg zu kosten, nicht beim Lackner-Tinnacher, um uns zu überzeugen, wie beeindruckend das Anwesen aus dem Jahr 1770 tatsächlich ist, nicht im Sattlerhof, der als Paradebetrieb im Südsteirischen Weinland schlechthin gilt, nicht bei Peter Skoff, der für seine Sauvignons verehrt wird, nicht bei Walter & Evelyn Skoff, die einen mächtigen Schaukeller ihr Eigen nennen, nicht beim Tschermonegg, der nicht nur ausgezeichneten Wein, sondern auch noch einen Swimmingpool mitten in den Weingärten hat, nicht beim Sabathi, weder beim Andreas noch beim Eduard Tscheppe, nicht beim Wohlmuth und nicht beim Firmenich, der mit einem außergewöhnlich guten Buffet sowie einem famosen Frizzante vom Muskateller locken soll. Wir waren nicht …

Ein Blick in den Garten und ein Ausblick ins Schöne: zu Gast beim Tscheppe.

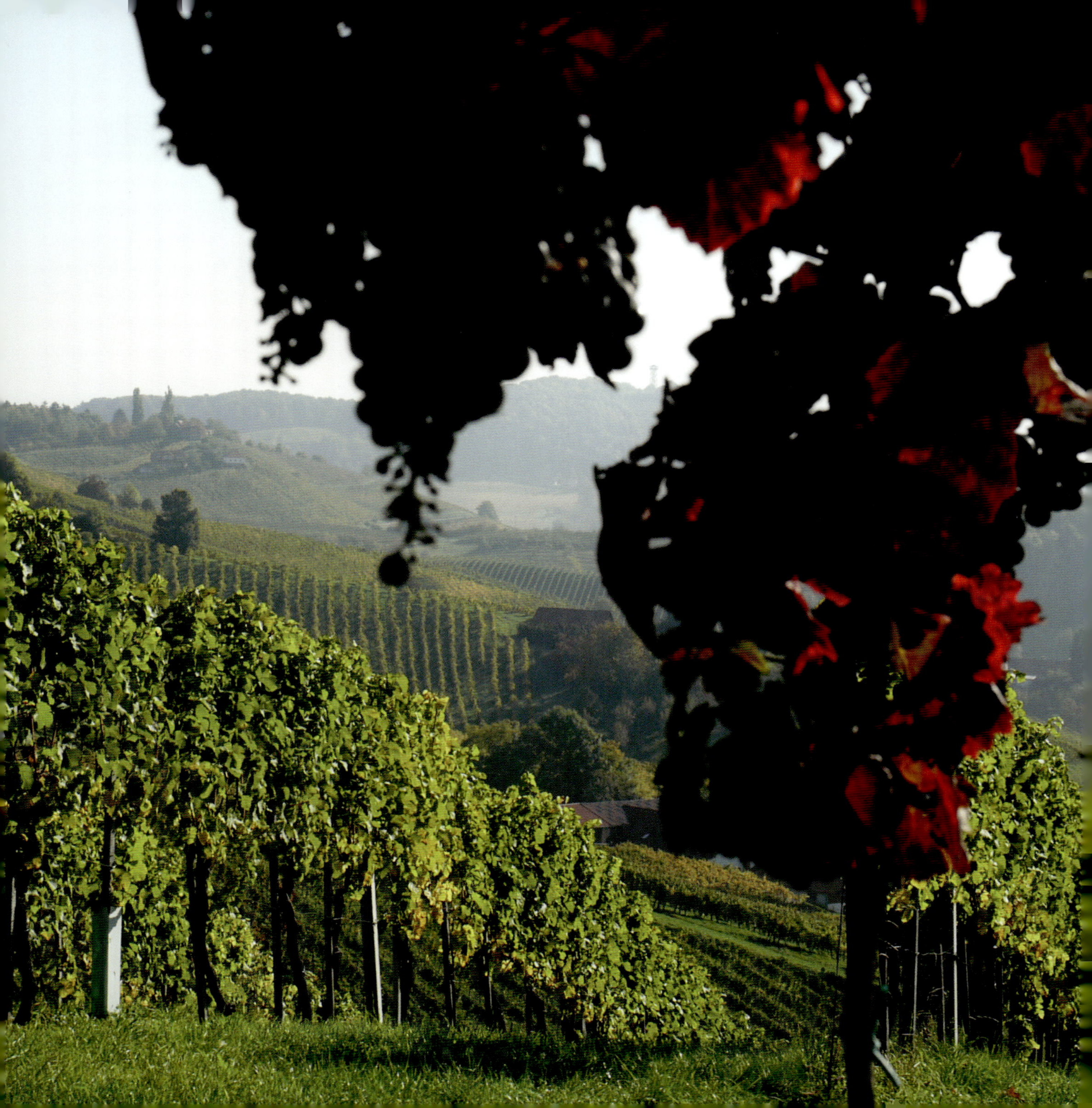

Weingut Gross, 8461 Ratsch a. d. Weinstraße 26, Tel. 03453/25 27, Fax 03453/27 28
E-Mail: weingut@gross.at, www.gross.at

Weingut Lackner-Tinnacher, Steinbach 12, 8462 Gamlitz, Tel. 03453/21 42
Fax 03453/48 41, E-Mail: weingut@tinnacher.at, www.tinnacher.at

Weingut Skoff, Kranachberg 50, 8462 Gamlitz, Tel. 03454/61 04, Fax 03554/61 04-4
E-Mail: weingut.skoff@aon.at, www.weingut-skoff.at

Weingut Tschermonegg, Weinstraße 50, 8463 Glanz, Tel. 03454/326
Fax 03454/326-50, E-Mail: weingut@tschermonegg.at, www.tschermonegg.at

Weingut Erwin Sabathi, 8463 Glanz, Pössnitz 48, Tel. 03454/265, Fax 03454/265-6
E-Mail: weingut@sabathi.com, www.sabathi.com

Weingut Tscheppe am Pössnitzberg, 8463 Leutschach, Pössnitz 168, Tel. 03454/205
Fax 03454/205-77, E-Mail: weingut@tscheppe.com, www.tscheppe.com

Weingut Wohlmuth, 8441 Fresing 24, Tel. 03456/23 03, Fax 03456/21 21
E-Mail: wein@wohlmuth.at, www.wohlmuth.at

Steinberghof Weingut Firmenich, Vinothek – Buschenschank – Schnapsbrennerei
8461 Berghausen 62, Tel. 03453/24 35, Fax 03452/24 35-4417, www.firmenich.at

Weitere Tipps: www.rebenland.at; www.suedsteirischesweinland.at

Das Automobil-Museum in Großklein mit Modellen aus den 1950ern und 60ern.

Inzwischen hatte es auch zu nieseln aufgehört, und vereinzelt drangen zaghaft erste Sonnenstrahlen durch die Wolkendecke. Die Erde dampfte, es glitzerte wie im Märchenland, und der Schauspieler fasste einen Beschluss: „Wisst ihr was, Freunde, wenn wir zu diesem Fest in die Oststeiermark fahren, machen wir vorher einen Umweg und fahren durch Großklein und Umgebung zumindest durch. Dann können wir wenigstens sagen, wir waren dort."
„Wenn wir aber nur durch- und vorbeifahren, was versäumen wir denn alles? Außer möglicherweise wieder einen lauwarmen Schweinsbraten als zweites Frühstück in irgendeiner Buschenschank ...", wollte der Journalist wissen, was es zumindest theoretisch noch alles zu sehen (oder zu essen) gegeben hätte.
„Das Hallstattmuseum zum Beispiel oder noch so eine beeindruckende Ölmühle wie die in Heimschuh, die Ölmühle Kremsner. Dann gibt es in Großklein noch ein Fahrzeugmuseum mit Autos und Motorrädern aus den 1950er und 60er Jahren, und außerdem ist Großklein der Beginn der Klapotetz-Weinstraße."

Die Ehrentafel anlässlich des verspäteten Geburtstages und der Schauspieler und der Fotograf zielsicher am Schießstand.

„Und das sagst du uns alles erst jetzt?", empörte sich der Journalist theatralisch. Da grinste der Schauspieler: „Bleibt uns wenigstens Stoff für ein zweites Buch."

Hallstattzeitliches Museum Großklein, 8452 Großklein 9
Tel. 03456/22 89-0 (Marktgemeindeamt Großklein)
E-Mail: museum@archaeo-grossklein.com, www.archaeo-grossklein.com

Ölmühle Gerhard Kremsner, Mantrach 23, 8452 Großklein
Tel. 03456/50 92, Fax 03456/50 93
E-Mail: office@oelmuehle-kremsner.com, www.oelmuehle-kremsner.com

Nostalgie auf Rädern, Nestelberg 94, 8452 Großklein
Tel. 03456/23 00, Fax 03456/23 00-4
E-Mail: office@lenz-bau.at, www.nostalgie-auf-radern.at

Das Fest, das es an diesem inzwischen längst wieder strahlend schönen Nachmittag in der Oststeiermark zu feiern galt, war übrigens ein traditionelles Geburtstagsscheibenschießen mit anschließendem Beisammensitzen in einem Buschenschank. Anlass war der 60er des Schauspielers, der hier, in der Gegend um Markt Hartmannsdorf, wo der Vater als Dentist tätig war, Teile seiner Kindheit verbracht hatte. Und auf der Scheibe, die man zu Ehren des Schauspielers hatte anfertigen lassen, fand sich neben einem Fuchs, einem Fasan und zwei Hasen unter anderem auch noch ein Schwarzspecht. Es geht nämlich die Mär, der Schauspieler hätte auf seinem allerersten Jagdausflug, damals noch mit dem jagdbegeisterten Vater, versehentlich auf einen Schwarzspecht geschossen, glücklicherweise aber nicht getroffen … „Ich hielt den Specht für einen Fasan."

Gruppenbild mit Hund: Die Jagdkollegen des Schauspielers anlässlich des 60. Geburtstages des Mimen, zum Zeitpunkt des Zusammentreffens allerdings schon 61 …

Einen Grund zum Feiern gibt's immer. Und wenn der Anlass ein Knödelschießen ist ...

Dass der Jubilar zum Zeitpunkt dieses Festes im Herbst 2007 bereits seit einem Jahr und knapp zwei Monaten 61 Jahre alt war, tat der Stimmung keinen Abbruch. „Es war halt nicht so ganz leicht, einen Termin mit euch zu finden ...", entschuldigte sich der prominente Sohn der Gegend später in der Buschenschank bei den mehr als 30 Jagdkameraden für seine Verspätung – und bestellte die nächste Runde. Es wurde viel gelacht an diesem Nachmittag, viele Anekdoten wurden erzählt. Viel Jägerlatein.

„In Wahrheit sollten auch wir aufbrechen", meinte der Fotograf, als sich die gesamte Runde am frühen Abend dann schön langsam aufzulösen begann.

„Hast recht, aber einen kleinen Buschenschank hier ganz in der Nähe nehmen wir noch mit", flüsterte der Schauspieler seinen beiden Weggefährten zu. „Quasi ein Abschiedsachtel."

Ein paar Minuten später und nur wenige Kurven weiter. An einem Tisch drei Herren, unter dem Tisch ein Hund.

„Prost, diese Tage waren eine helle Freude. Lasst uns drauf trinken."
„Wie wahr, sie waren der reine Genuss. Zum Wohl."
„Prost Freunde, auf ein Neues."

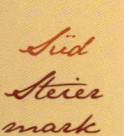

Süd Steiermark

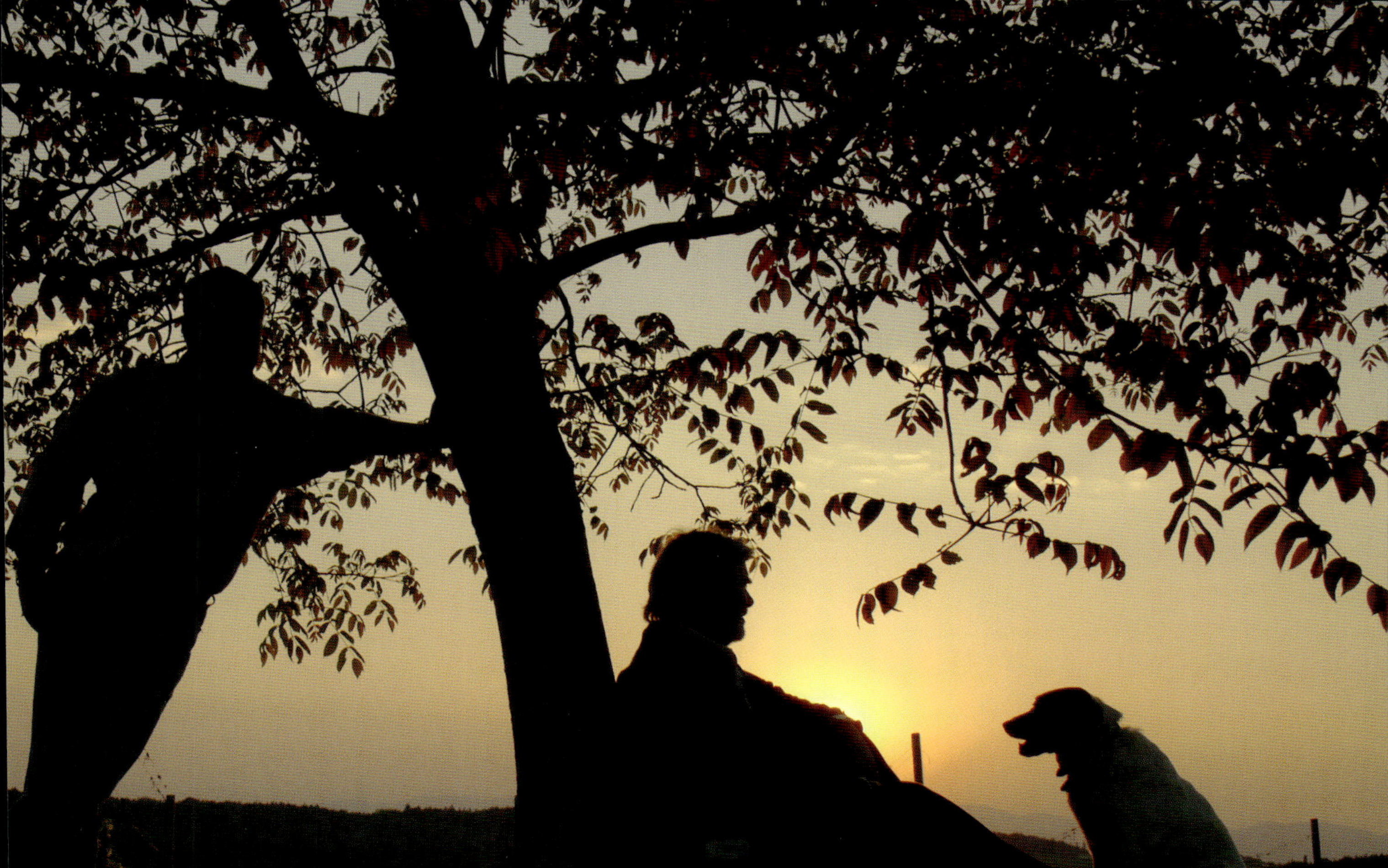

In der Südoststeiermark

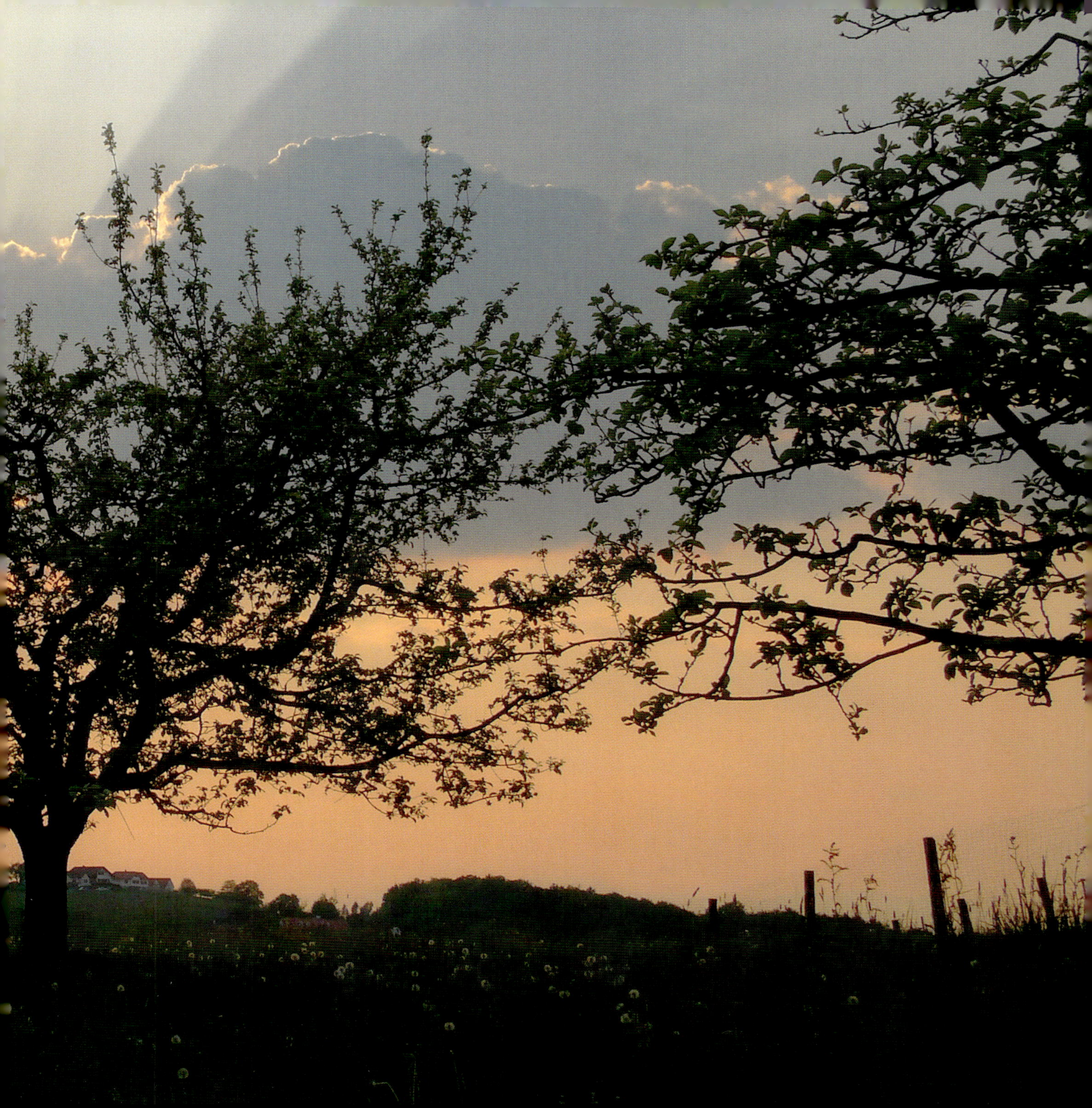

Der Schauspieler bittet zum Unterricht

Der Schauspieler als Lehrmeister. In der Südoststeiermark hat er ein Heimspiel.

Relativ rat- und planlos stand der Journalist mitten auf einem Hügel, stieg aus dem Auto und hatte in diesem Moment nur wenig Sinn für das Schöne. Rings um ihn protzte der Frühling mit allem, was er hatte, die Wiesen saftig grün, die Luft erfüllt von Schmetterlingsgefühlen. „Er hat doch verdammt noch mal irgendwas von einer kleinen Kapelle gesagt. Und gleich nach der Kapelle links, dann noch mal links und dann rechts die Straße bergauf. Aber da war und ist nirgendwo eine Kapelle", murmelte der Journalist verärgert vor sich hin und griff zum Handy. „Hier ist die Mobilbox von Peter Simonischek ..." Schon wieder.

In diesem Moment tuckerte die Lösung des Problems in Form eines Traktors die Straße entlang. Selbstverständlich wusste der Bauer, wo der berühmte Schauspieler sein kleines Häuschen hatte. Der gute Mann war zwar nicht leicht zu verstehen, aber er zeigte mit dem Finger auf den gegenüberliegenden Hang. „Doat, dei dreitte Hütt'n vau laings woas ma siagt", bellte er in tiefstem Steirisch. Und dieses „Dort" mit dem erlösenden Ortsschild „Ziegenberg" war dann tatsächlich nicht schwer zu finden. Auch das mit der Kapelle stimmte, sofern man sich nicht schon lange vorher verfahren hatte.

Der Fotograf war bereits da. Zwar auch erst seit fünf Minuten, dafür aber auf direktem Weg. Der Fotograf hatte ein Navigationssystem in seinem Auto. Und als hätte sie es geahnt, dass noch einer kommen würde, stand Emilia, gleichsam als Empfangskomitee, vor dem Haus auf der Straße und wedelte aufgeregt mit dem Schwanz.

Die Schauspieler breitete lachend die Arme aus. „Mein Lieber, wo warst du so lang?"
„Mein Lieber, was ist mit deinem Handy?", fragte der Journalist.
„Schlechter bis gar kein Empfang hier ... Aber fein, dass wir jetzt komplett sind."
Minuten später hatte der Journalist dann wieder Sinn für das Schöne. Das Grundstück, das zum bescheidenen Häuschen gehörte, fiel leicht ab und gab einen Blick frei aufs Land, für den sich letzten Endes jeder noch so ärgerliche Umweg lohnte.
„Unglaublich."
„Aber nur ein erster Eindruck. Ihr werdet noch schön schauen in den kommenden Tagen ...", sagte der Schauspieler und stapfte wieder in Richtung Haus. „Ein Bier oder ein leichter Weißer für den Anfang?", rief er fragend über die Schulter.
„Ja, in dieser Reihenfolge", beschloss der Fotograf einen Kompromiss.
Kurz danach saßen wir im Garten unter dem großen Baum. Es war frühsommerlich warm und strahlend schön. In Wahrheit also kein Wetter zum Arbeiten, außer es handelte sich um jene Form von Arbeit, die uns bevorstehen sollte: durch die Gegend gondeln, schauen, fühlen, in Buschenschanken sitzen, schmecken, riechen, essen, trinken, fotografieren, mit Menschen plaudern und mit Menschen schweigen, sich

treiben und sich einlullen lassen und all das mit einem Vorhaben im Gepäck, das in wenigen Worten zusammenzufassen war: dem Genuss auf der Spur zu sein.
Der Schauspieler schenkte nach. „Was wisst ihr denn alles über die Südoststeiermark?"
„Eigentlich nichts. Außer, dass es hier unglaublich schön ist."
„Dann machen wir jetzt einen Crashkurs, und wenn uns der Hunger übermannt, dann auf zum ersten Buschenschank, denn der Kühlschrank ist leer – abgesehen von ein paar Flaschen Wein …"
So also lernten der Fotograf und der Journalist, die vergessen hatten, ihre Hausaufgaben zu machen und dementsprechend unvorbereitet zum Unterricht erschienen,

Des Schauspielers Häuschen in Ziegenberg.

Der große Tisch unter dem Baum im Garten des Schauspielers, Ausgangspunkt zahlreicher Ausflüge.

dass es in der Südoststeiermark gleich vier Weinstraßen gibt, wiewohl die gesamte Rebfläche relativ bescheidene 1.200 Hektar beträgt.

Die Römerweinstraße, die sich von Gleisdorf über Hartberg nach Bad Waltersdorf schlängelt, die ringförmig angelegte Thermenlandweinstraße, die ihren Kreis von Fürstenfeld ausgehend gegen den Uhrzeigersinn über Markt Hartmannsdorf, Riegersburg, Fehring und zurück nach Fürstenfeld zieht, die Klöcher Weinstraße, die sich von Fehring nach Süden über St. Anna und Klöch bis Bad Radkersburg erstreckt und dann noch die Hügellandweinstraße. Auf die zweigt man entweder von St. Anna oder von Klöch in Richtung Westen ab, und ihren Zielort hat sie in St. Peter.

„Von St. Peter aus könnte man nach Leibnitz weiterfahren, und schon wäre man in der Südsteiermark. Aber die heben wir uns bekanntlich für den Spätsommer oder den Herbst auf", sprach der Herr Lehrer und fuhr fort.

Typisch für das Südoststeirische Weinland wäre die Tatsache, dass die Weinberge nicht annähernd so steil sind wie die im Süden und im Westen des Landes. Und vor allem nicht annähernd so dicht. „Hier sieht man vor allem unendlich viele Obstgärten. Es gibt sogar eine eigene Apfelstraße", klärte der Schauspieler die beiden ande-

Die Kapelle in Ziegenberg, wo im Mai wieder an jedem Mittwoch gebetet wird …

ren auf, ging abermals ins Haus und kam mit einer Flasche zurück, die, schon von der Weite zu erkennen, eindeutig keine Weinflasche war.

„Du wirst uns doch jetzt nicht zu einem Schnaps nötigen?", war der Journalist verdutzt.

„Nur einen klitzekleinen. Das ist ein Apfelbrand aus der Gegend, ausgesprochen mild und ausgesprochen gut."

„Und wer wird am Nachmittag unser Fahrer sein?", sprach der Fotograf einen nicht ganz unwesentlichen Punkt an.

„Wie pflegen Kinder in so einer Situation gerne zu sagen? Immer der, der fragt …", versuchte es der Journalist mit einem blöden Scherz und landete dennoch einen Treffer.

Der Fotograf einmal nicht hinter, sondern vor der Kamera.

„Okay. Außerdem trinke ich beim Fotografieren ohnehin wenig bis nichts, denn nur so bleibt die Hand ruhig. Nicht umgekehrt."

Damit war auch das geklärt, der Fotograf verweigerte den Schnaps, und weiter ging es im Unterricht.

„Morgen fahren wir die Klöcher Weinstraße ab, und dann werdet ihr rund um Klöch eines der wenigen Gebiete in der Südoststeiermark sehen, wo sich der Weinbau wirklich auf eine größere Gesamtfläche konzentriert. Das ist übrigens auch noch sehr interessant: 77 Gemeinden aus den Bezirken Feldbach und Radkersburg haben sich zusammengetan zur Region Steirisches Vulkanland, und dieses Steirische Vulkanland ist auch Gewinner des Europäischen Dorferneuerungspreises."

„Wo sind wir denn eigentlich jetzt?", erkundigte sich der Journalist.

„Nahe Markt Hartmannsdorf, also nahe der Thermenland Weinstraße. Markt Hartmannsdorf gehört übrigens auch zu diesen 77 Gemeinden."

Der Journalist zog die Augenbrauen zusammen. „Und in Klöch trinken wir morgen dann Traminer?"

„Exakt."

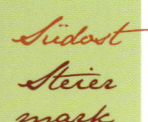

„Aber das ist doch ein schrecklich süßes Zeug?"
„Wenn's ein guter Traminer ist, wirst du die Ohren anlegen."
„Noch eine Frage: Die Römer Weinstraße heißt vermutlich deswegen so, weil hier schon die alten Römer ihr Unwesen getrieben haben, oder?"
„Wenn du Wein anbauen als *Unwesen treiben* bezeichnen willst, dann stimmt das. Man findet jedenfalls allerlei steinerne Zeugen aus dieser gut 2.000 Jahre zurückliegenden Zeit in Form von Ausgrabungsstätten. In St. Johann bei Herberstein gibt's zum Beispiel einen Stein, der einen Weinstock als Lebensbaum zeigt."
„Noch eine dritte Frage: Sollte es nicht längst geläutet haben und der Unterricht vorbei sein? Ich für meinen Teil habe nämlich ziemlichen Hunger."
„Na gut, dann machen wir jetzt eine erste Exkursion. Wir bleiben aber in der Gegend." Und in Anspielung auf eine uralte Kult-Krimiserie sagte er lachend: „Michel, hol schon mal den Wagen ... Aber nimm meinen, hier ist der Schlüssel, denn meiner ist schon voll mit Hundehaaren."

Weitere Infos: www.suedoststeiermark.at, www.vulkanland.at, www.oststeiermark.at

Wenn's Abend wird in der Südoststeiermark.

Stelze ohne Senf und Schalke 04

Warm war es. Verdammt warm für Ende April. Der Journalist saß hinten im Auto und streichelte den hechelnden Hund, der Schauspieler schwitzte auf dem Beifahrersitz und bestimmte die Richtung. „Dort vorne links und dann den Berg rauf. Und jetzt eine Schätzfrage: Wie viele Buschenschanken, glaubt ihr, gibt es allein in der Südoststeiermark?"

„150", schlug der Fotograf vor.

„200", erhöhte der Journalist.

„Über 300", erklärte der Schauspieler triumphierend. „Und die 1.200 Hektar Rebfläche, von denen ich euch erzählt habe, werden von wie vielen Weinhauern bewirtschaftet? Oben dann rechts …"

Diesmal legte der Journalist vor: „500."

„800", riet der Fotograf.

„Fast 3.000. Unglaublich, oder?"

„Und wo sind die Top-Winzer beheimatet?"

„Die wenigsten auf der Römerweinstraße. Das heißt aber nicht, dass die Qualität dort nicht auch zum Teil ganz hervorragend wäre. Nur haben sie nicht die großen Namen.

Eine typische Bunschenschankjause – die Stelze. Drei Tage in der Selch, dann einen in der Suppe, und dann erst wird sie zum Genuss freigegeben.

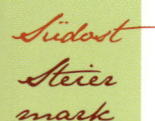

Südost Steiermark

Oder einige zumindest noch nicht. Auf der Thermenland Weinstraße wird die Dichte dann schon größer, und je weiter man in den Süden kommt, zwischen Fehring und Klöch, desto mehr geben sich die so genannten Stars die Klinke in die Hand. Dort vorne wieder rechts und dann sind wir da."

Der Schauspieler hatte uns zum Weinhof Brunner gebracht. Der zählt längst zu den allerersten Adressen in dieser Region und nennt rund fünf Hektar Weingärten sein Eigen. 20.000, maximal 25.000 Flaschen beträgt die jährliche Ausbeute, und rund 90 Prozent werden ab Hof verkauft.

Aber auch hier ist es weiß Gott nicht nur der traditionelle Weißwein, den Kellermeister Franz Brunner und sein Vater Gustl hegen und pflegen. Längst hat man sich auch den Rotwein angelacht, und der hat es wahrlich in sich. Ob nun Zweigelt, Blauer Wildbacher oder eine Cuvée, die Roten sind extrem kraftvoll und haben einen ganz erstaunlich hohen Alkoholgehalt. Wirklich beeindruckend gut, aber für noch ein Glas der in Barrique ausgebauten Cuvée war es selbst im Schatten eindeutig zu warm.

Anna Brunner, die Herrin des Hauses, kam mit einem Sauvignon blanc, einem Welsch und einem Weißburgunder. „Zum Verkosten", sagte sie. „Und haben die Herren auch Hunger?"

„Und wie."

„Wie wär's mit einer kalten Stelz'n mit Kren?"

„Gerne."

Drei Tage war die Stelze in der Selch', und dann tauchte sie noch einen Tag in der Suppe unter. Und gäbe es allein für Stelzen Hauben, so hätte diese unvergleichlich gute ung'schaut drei verdient, so gut hat sie geschmeckt. „Könnt' ich ein bisserl Senf haben?", bat der Journalist.

Welschriesling im Buschenschank Pint, wo die deutsche Fußball-Bundesliga eine ganz spezielle Rolle spielt.

Da reagierte die Wirtin irgendwie seltsam. „Das ist so eine Sache mit dem Senf", sagte sie recht zögerlich. „Wenn, dann dürfte ich eigentlich nur einen selber g'machten oder einen aus der Region haben."

Dann ging sie rein ins Haus und kam mit einer Tube zurück. Versteckt unter der Schürze ... Wir verzichteten der Stelze zu Ehren auf das Billigprodukt. Und Emilia hätte vermutlich ohnehin keinen gewollt.

Es war Samstagnachmittag, der 28. April. Und obwohl wir erst seit ein paar Stunden im Steirischen weilten, fühlte es sich an, als wären wir seit Tagen auf Urlaub. Vielleicht lag es an der Luft, vielleicht am Wein, vielleicht an beidem. Plötzlich aber überraschte der Schauspieler mit einer in diesem Moment höchst seltsamen Frage: „Hat

Südost Steiermark

irgendeiner von euch den Spielplan der deutschen Fußball-Bundesliga im Kopf? Speziell, wann Schalke 04 spielt?"

Der Journalist bedachte den Freund mit einem fast mitleidigen Blick. „Ich kann dir gar nicht sagen, wie egal mir im Moment jede Liga dieser Welt ist. Aber Schalke hat schon gestern am Abend in Bochum 1:2 verloren."

„Das und nicht mehr wollte ich wissen. Schade."

„Wenn du jetzt auch noch die Börsenkurse wissen willst, muss ich dich leider enttäuschen."

Wie Journalist und Fotograf kurze Zeit später erfahren sollten, hatte es einen guten Grund, warum sich der Schauspieler für das Wohlergehen oder in diesem Fall Nicht-Wohlergehen von Schalke 04 interessierte. Wir verließen den Brunner und spazierten über einen Schotterweg zum nahe gelegenen Buschenschank der Familie Pint. „Dieser Buschenschank ist Treffpunkt der Ilzer Knappen, einem Schalke-Fanklub hier aus der Gegend. Und auch die Wirtsleute sind vom Schalke-Virus befallen, seit Schalke hier in der Gegend das erste Mal auf einem Sommertrainingslager war", erzählte der Schauspieler. „Hoffentlich haben sie heute nicht zu vor lauter Kummer. Ich habe hier übrigens während der WM 2006 ein paar Spiele gesehen. War eine wunderbare Stimmung und eine herrliche Kombination. WM und Weingarten und Welschriesling."

Sie hatten nicht zu. Und tatsächlich hing im Gastraum unter einem Gemälde der Riegersburg nicht nur eine Schalke-Fahne und eine Schalke-Tafel, sondern auch noch die gerahmte offizielle Mitgliedsurkunde. *Der Fan-Club Ilzer Knappen S04 ist Mitglied im Schalker Fan-Club Verband E.V.* Mit Stempel und Unterschrift.

Zum damaligen Zeitpunkt, am 28. April 2007, zählten die Ilzer Knappen übrigens exakt 38 Mitglieder.

Weinhof Brunner, Kleegraben 15, 8262 Ilz, Tel. 03385/77 15
E-Mail: info@weinhof.cc, www.weinhof.cc

Buschenschank Pint, Tel. 0664/521 42 80

Zu Gast im Vereinslokal der Ilzer Knappen, des ortsansässigen Fanklubs von Schalke 04.

Vom Winzer-Tischler und dem Barrique-Zufall

Wir waren ziemlich eifrig an diesem ersten Tag. Nicht, dass uns der Welsch in der Schalke-Schank nicht geschmeckt hätte und wir deswegen bald wieder auf dem Sprung waren. Im Gegenteil, der Welsch war herrlich. Er wurde unter einem Baum kredenzt, um dessen Stamm herum ein Tisch gebaut war. Aber speziell Fotograf und Journalist, die oststeirischen Neulinge, waren rastlos und neugierig und hatten dementsprechend wenig Sitzfleisch.

„Der Weinhof Windisch wäre nicht weit. Interessante Weine, eine interessante Geschichte, ein interessanter Chef und eine herrliche Aussicht", machte der Schauspieler Programm.

Urig ist dieser Buschenschank nicht gerade. Vielmehr sieht man ihm schon aus der Ferne an, dass er sehr wohl auch auf größere Gruppen ausgerichtet ist, die aus Bussen purzeln und in Horden einfallen. Das tut der Qualität von Küche und Keller keinerlei Abbruch. Weder wird hier lieblos massenabgefertigt, noch regiert der Nepp. Und der Ausblick entschädigt ebenfalls für so manche stilistische, formulieren wir es vorsichtig, Eigenwilligkeit. Was das den bis dahin in Sachen Steiermark noch recht unkundigen Journalisten und den ebenfalls nicht rasend vorinformierten Fotografen

Die Anzahl an Flaschen verrät es: Im Weinhof Windisch kann man allerlei verkosten.

Musikanten unter sich.
Und ein Zuhörer ...

lehrte: Ein oder zwei Busse vor einem Buschenschank müssen nicht zwangsläufig abschrecken.

Den Windisch-Hof als kleinen Buschenschank gab es bereits am Beginn des 20. Jahrhunderts. Es wurde ausgeschenkt, was die bescheidene Kellerwirtschaft eben hergab. In Richtung Qualitätsweinbau orientierte man sich dann ab 1947, nachdem Franz Windisch aus der Kriegsgefangenschaft heimgekehrt war. Die Schulausbildung konnte er noch vor dem 2. Weltkrieg in Silberberg absolvieren, und die ersten praktischen Weinversuche startete er ausgerechnet in Gefangenschaft. „Er hat in einer Großküche gearbeitet, und dort bot sich ihm die Gelegenheit, aus verschiedenen Früchten Säfte zu vergären", verriet uns Siegfried, der Junior.

Der kam 1960 als viertes von fünf Kindern zur Welt und hatte mit Weinbau nichts am Hut. Holz war seines, aber eben nicht Eiche in Fassform, sondern jenes Holz, das man zu Kästen, Tischen, Stühlen oder Regalen verarbeitete. Siegfried wurde also Tischler. Ein Schlaganfall des Vaters brachte 1985 – im Jahr des österreichischen Weinskandals – schließlich den Sinneswandel. Durch die Umstände gefordert und gezwungen, besuchte der Quereinsteiger unzählige Fachkurse, legte den Hobel 1992

Ein Sonnenuntergang auf der Terrasse des Weinhofs Windisch, ein Achtel Rot und ein Achtel Weiß.

zwischenzeitlich auf die Bank und übernahm das bis dahin immer noch recht kleine Weingut auch offiziell.

„Wir haben dann in Serie Neuflächen bepflanzt und die alten Anlagen ständig erneuert. Und heute haben wir mit Pacht- und Zukaufsflächen rund sieben Hektar", erzählte der Weinbau- und Kellermeister, der seine tischlerischen Wurzeln aber doch nicht ganz verleugnen kann. So wurden sämtliche Einrichtungen im und um den Buschenschank vom Chef persönlich in der hauseigenen Tischlerei „geschnitzt".

Schließlich holte der Hausherr auch noch die Ziehharmonika, und während er spielte, sank die Sonne langsam tiefer und malte das Land anders an.

Als Siegfried Windisch sah, dass wir unsere Gläser geleert hatten, unterbrach er sogleich die Musik. „Was wollt ihr jetzt kosten? Schon bereit für einen Roten?"

Wir nickten.

„Dann schlage ich erst den Zweigelt *Steirerbluat* vor und dann den Merlot Barrique."

„Bringen Sie, was immer Sie für richtig halten, wir vertrauen Ihnen blind", sagte der Fotograf.

Nachdem wir mit dem Merlot angestoßen hatten, stellte der Wirt unser Wissen auf die Probe. „Ist euch eigentlich bekannt, dass man in Wahrheit rein zufällig draufgekommen ist, wie gut Weine werden können, wenn man sie in Barrique ausbaut?"

„Ich kenne die Geschichte ungefähr, aber nicht ganz genau", sagte der Journalist.

Ähnlich ging es den beiden anderen. „Barrique bedeutete im Französischen ursprünglich einfach nur Fass, oder?"

„Stimmt", sagte der Weinbaumeister. Und dann legte er los. Die Engländer, die lange die Gegend von Bordeaux beherrschten, hätten als erste bemerkt, dass der auf Schiffen im Holzfass transportierte Wein haltbarer wurde. „Aber noch nicht, dass er auch besser war", belehrte uns Windisch und schenkte nach. Die hanseatischen Kaufleute in Bremen, Hamburg und Lübeck wiederum waren Freunde des Rotspons. Das war jener Rotwein, der in Bordeaux gekauft, dann in die Hansestädte verschifft und dort aus verschiedenen Lieferungen verschnitten wurde. Gelegentlich sollen Winzer aus Bordeaux, die ihre hanseatischen Kunden besuchten, ihre eigenen Weine nicht wiedererkannt haben – so gut waren sie infolge der Holzfasslagerung geworden.

Und schließlich stellte Louis-Gaspard Estournel aus dem kleinen Dorf Saint-Estèphe bei Bordeaux Anfang des 19. Jahrhunderts fest, dass einige in Arabien und Indien nicht verkaufte Wein-Partien nach dem Rücktransport erheblich besser geworden waren. Er markierte diese Partien mit einem „R" für „Retour des Indes" und verkaufte sie, als sich ihre Qualität herumsprach, zu immer besseren Preisen. Schlussendlich beschloss er, alle seine Weine vor dem Verkauf in Holzfässern zu transportieren.

„So war's", schloss Windisch.

„Und wann hat sich der Barriqueausbau weltweit durchgesetzt?", wollte der Journalist noch wissen.

„Recht spät eigentlich. Mitte der 1980er erst."

Diese Entwicklung wäre zum einen auf die Internationalisierung des Weinbaus zurückzuführen, wobei die im Bordeaux angewandten Methoden Vorbildfunktion hätten. „Zum anderen ist die Nachfrage nach hochwertigen, schweren Rotweinen mit komplexen Aromen stark gestiegen. So ist dann auch in anderen als den traditionell dafür bekannten Regionen ein größerer Markt für die Barriqueweine entstanden."

Siegfried Windisch ist gelernter Tischler und sattelte erst recht spät auf Winzer um. Dass er mit Holz umgehen kann, beweist nicht nur die Inneneinrichtung, sondern auch sein Barrique.

Da fiel dem Journalisten schon wieder eine Frage ein. „Und wie ist das nun mit den umstrittenen Chips, diesen Eichenspänen, die man einfach in die Stahltanks hineinhängt?"

„Die sind gar nicht mehr so sehr umstritten und in der EU seit Oktober 2006 auch erlaubt", erörterte der Fachmann. „Und irgendwie waren sie eine logische Entwicklung. Es ging einfach darum, Kosten zu sparen. Es ist schlicht bedeutend billiger, in

Beim Windisch im Keller, wo tausende Flaschen lagern.

Stahl- oder Betontanks innen Eichenholzplatten anzubringen oder, wenn es kleinere Fässer sind, Sackerl mit Spänen reinzuhängen."

Das Barriquearoma pulverförmig oder flüssig hinzuzufügen, ist dankenswerterweise nach wie vor verboten.

„Schmecken oder riechen Sie im Glas den Unterschied, erkennen Sie, ob der Wein nun aus einem Holzfass oder einem mit Holz ausgelegten Stahltank kommt?"

„Da tut sich selbst der allergrößte Experte schwer", gestand der zum Weinbau „konvertierte" Tischler.

Unser Wissensdurst zum Thema Barrique war nun gestillt, und es überkam uns der Hunger. Denn die Stelze ohne Senf schien Ewigkeiten her zu sein, und ihre Wirkung

hatte stark nachgelassen. Und dass wir hier beim Windisch so nebenbei immer wieder ein bisserl Schinken und Käse naschten, passierte so sehr nebenbei, dass es in diesem Moment nicht weiter ins Gewicht fiel. Vermutlich erst einige Tage später zu Hause auf der Waage.
„Ich hätte jetzt gerne etwas Warmes", sagte der Schauspieler.
Der Journalist grinste. „Tee?"

Siegfried Windisch, Herrnberg 22, 8263 Großwilfersdorf
Tel. 03385/74 59 oder 0664/442 50 97, Fax 03385/74 50
E-Mail: office@windisch-wein.at, www.windisch-wein.at

Wollschweine zu später Stund'

Zu Besuch bei den Woll- oder Mangalitzaschweinen der Familie Laundl.

Wiewohl uns das Wirtshaus von außen durchaus vertrauenserweckend und einladend erschien, spätestens nachdem wir es betreten hatten, hätten wir kehrt machen müssen. Es roch nach altem, abgestandenem Fett, und trotzdem blieben wir. Das Backhendl war dann tatsächlich ein einziger Reinfall. Geschmacksneutral das Fleisch, lasch, viel zu hell und triefend vor Öl die Panier. Hunger wäre der beste Koch, heißt es. Unsinn. Lediglich für Emilia unter dem Tisch war Feiertag.

Wir wollen aber nicht näher auf dieses Debakel eingehen, auf dieses dunkle Kapitel unserer kleinen steirischen Geschichte, sondern fahren rasch ein paar erfreuliche Kilometer weiter. Inzwischen war es stockdunkel, und unser letztes Ziel für diesen ersten Abend war der kleine Buschenschank Laundl unweit von Ilz, irgendwo versteckt zwischen Nestelbach und Sinabelkirchen.

Der Journalist war die treibende Kraft, denn in seinem schlauen Oststeiermark-Büchlein hatte er etwas von den berühmten Wollschweinen gelesen, und der Buschenschank Laundl war einer jener Betriebe, der diese Tiere züchtete – und in weiterer Folge zu kulinarischen Wunderdingen verarbeitete.

Als wir den kleinen Schankraum betraten, waren wir die einzigen Gäste. „Grüß Gott, ist gar schon Sperrstund'?"

„Nein, nein, setzt euch nur. Was darf's denn sein?"

„Einen Weißen hätten wir gern."

Man brachte Welsch. „Und zum Essen auch was?"

Wir schauten uns gegenseitig an. Es war dieser „Sag-du-doch-was-Blick", aber irgendwie wollte keiner die Verantwortung übernehmen, keiner der erste sein.

Dann fasste sich der Schauspieler ein Herz. Schließlich hätte ja der Hund mindestens ein Viertel des Backhuhns verdrückt, ein weiteres Viertel wäre in die Küche zurückgegangen und das verbliebene halbe Huhn, das hätte, geteilt durch drei, in Wahrheit nicht gezählt. „Zum Essen auch was? Aber natürlich, gerne doch."

Es dauerte keine zwei Minuten, da verwandelte sich der Tisch in eine Tafel. Schinken, kalter Braten und Wurst, alles vom Wollschwein, Käse und selbst gebackenes Schwarzbrot, das fast zu schade war, es mit irgendetwas zu belegen. Dazu Käferbohnensalat mit Kernöl.

Bald saßen auch die Wirtsleute bei uns. Wir stießen an und sie erzählten voller Leidenschaft allerlei Wissenswertes über das Wollschwein, alles über die Geschichte des „schwalbenbäuchigen Mangalitza-Schweins".

„Wisst ihr, warum Speck auf Englisch *bacon* heißt, wovon sich dieses Wort ableitet?" Wir hatten selbstverständlich nicht den Hauch einer Ahnung.

Südost Steiermark

„Weil die Engländer zur Zeit der Monarchie den besten Speck aus dem österreichisch-ungarischen Bakony importierten."
Wollschwein heißt das Mangalitza übrigens wegen des ungewöhnlichen Haarkleids aus Unterwolle und lockigen Borsten. Wenige Hausschweine sind noch so dicht behaart wie ihre Vorfahren, die Wildschweine, und gezüchtet werden drei Farbschläge: Großrahmige Blonde und Rote Mangalitza sowie kleinere Schwarze mit hellem „Schwalbenbauch", deren dicke Speckschicht und Haarkleid sie auch vor extremer Witterung schützen. „Sie können ganzjährig im Freien leben, wenn ihnen ein Unterstand und eine Schlammsuhle zur Verfügung stehen", belehrten uns die Laundls. Dabei war es zwischenzeitlich gar nicht gut bestellt um diese Rasse, die in den 1830er

Gegen Ende der 1970er Jahre waren die Mangalitza beinahe vom Aussterben bedroht, doch heute sind sie österreichweit wieder auf dem Vormarsch.

Jahren erstmals gezüchtet worden war. Denn nachdem das Wollschwein nach dem Zweiten Weltkrieg in Ungarn wieder an Bedeutung gewonnen hatte, weil es den widrigen Lebensumständen gewachsen war, wurde es zu Beginn der sechziger Jahre von englischen Schweinerassen so rigoros verdrängt, dass Ende der siebziger Jahre nicht einmal mehr 200 reinrassige Exemplare gezählt wurden, in Österreich überhaupt nur eine Hand voll, gehalten in National- oder Tierparks. Mageres Fleisch war damals auf dem Vormarsch, und von mager kann beim Mangalitza-Schwein keine Rede sein, wiewohl es sehr gesund ist. Zum einen weist das Fleisch deutlich weniger Cholesterin auf als das des Hausschweins, andererseits ist die Fettsäurezusammensetzung ähnlich der von pflanzlichen Ölen, womit es die für die menschliche Verdauung sehr geeignete Doppelbindung bei den ungesättigten Fettsäuren besitzt. Heute sind es allein in der Steiermark 19 Betriebe, die sich erfolgreich der Zucht verschrieben haben. Österreichweit etwas über 80 mit einem Bestand von jeweils mindestens zwei bis selten mehr als zehn Tieren.

„Seid ihr zart besaitet?", wollte Robert Laundl plötzlich wissen. Wir verneinten mit vollem Mund. „Dann erzähle ich euch von der traditionellen rumänischen Art, die Tiere zu schlachten. Denn so bleibt das Fleisch so richtig weich."

Ein wahrlich unvergleichliches Geschmackserlebnis. Schinken, Speck und Wurst vom Wollschwein.

Wir lauschten gespannt.

Das Schwein wird zunächst nach den üblichen Methoden mittels Bolzen- oder Kugelschussapparat betäubt und anschließend entblutet. Nach dem Ausbluten wird das Schwein in Stroh gebettet und jeweils auf der rechten und linken Seite liegend abgebrannt. Dabei wird reichlich Stroh unter die Achseln gebracht, während Bauch und Hinterteil dem Feuer nicht zu stark ausgesetzt werden sollten. Danach schabt man die Reste des Fells ab. Mit einem Gasbrenner wird nun die Haut aufgeblasen und erneut abgeschabt, bis die gesamte Oberfläche gelblich weiß und weich erscheint. Anschließend wird das Schwein mit Wasser sauber geschrubbt und auf den Bauch mit angewinkelten Beinen gelegt. Der Schlachtkörper wird nun mit grobem Salz und Maisgrieß eingerieben, nach zwei bis drei Minuten heiß abgespült und mit einer Decke umhüllt. Nun kann das Schwein 20 Minuten ruhen. In dieser Pause wird nach Tradition mit Schnaps auf die Seele des Schweins angestoßen.

„Möchtet ihr einen?"

Es war eine rhetorische Frage.

Nach dem Abdecken wird laut rumänischem Brauch ein Kreuz in das Genick geschnitten, dieses mit Salz gefüllt und andächtig verharrt. Das Schwein soll schließlich liegend aufgebrochen werden, da beim Hängen die weiche Haut leicht reißt. Diese spezielle Art der Schlachtung ermöglicht das spätere Abziehen der Haut von der darunter liegenden Fettschicht. „In Rumänien", schloss Laundl, „wird die in Streifen geschnittene Schweinehaut in Salzlake eingelegt und als Spezialität angeboten. Das hat sich bei uns noch nicht so wirklich durchgesetzt."

Buschenschank Laundl, Nestelbach 14, 8262 Nestelbach, Tel. 03118/25 21
E-Mail: buschenschank.laundl@aon.at, www.laundl.at

Interessensgemeinschaft der Wollschweinzüchter Österreichs: www.mangalitza.at

*Hier geht's die Stiegen runter ins
Heiligtum der Familie Laundl,
in den Keller, in dem die Weine
präsentiert und verkostet werden.*

Ein sagenhafter Abend

Senior- und Juniorchef Laundl waren offensichtlich ähnlich guter Stimmung wie wir, denn sie ließen uns nicht und nicht gehen. Inzwischen war es fast zehn und von Bettschwere noch immer keine Spur. „Wir zeigen euch jetzt noch unseren Keller, und dort kosten wir dann ein bisserl was. Wir haben nämlich mehr als nur den Welsch."

„Aber der Welsch ist doch ganz wunderbar", bemerkte der Journalist und spürte unter dem Tisch einen leichten Tritt gegen das Schienbein.

„Eine hervorragende Idee", sagte der Schauspieler.

Das wunderbar restaurierte, recht kleine Gewölbe mit dem von unten beleuchteten Milchglastisch, gleichsam der Altar des Raumes, dieses Wärme ausstrahlende Ambiente, der Grauburgunder und der Rheinriesling, all das trug dazu bei, dass es schließlich noch ein langer Abend werden sollte. Ein sagenhafter.

Robert Laundl schenkte nach. „Was steht morgen auf eurem Programm?"

„Wenn ich darf, komme ich in aller Früh vorbei und fotografiere die Schweine, und dann werden wir uns weiter im Vulkanland herumtreiben. Klöch, Fehring, Straden, Riegersburg, diese Gegend", gab der Fotograf zur Antwort.

„Da hab' ich was, das werde ich schnell holen", sagte Vater Laundl und war für wenige Minuten verschwunden. Zurück kam er mit einem Buch, alt und abgegriffen, ein paar Seiten fehlten – gesammelte Sagen aus dem Vulkanland. „Und wenn uns der Herr Simonischek die Freude macht, eine Geschichte daraus vorzulesen, dann schenke ich es euch."

Ehrfürchtig nahm der Schauspieler das Buch zur Hand, schlug blind eine Seite auf, räusperte sich und senkte die Stimme. „Liebe Leute, ich lese nun die Sage *Der Teufel kam um Mitternacht*."

Zwei Gäste lauschen andächtig den Ausführungen des Winzers.

Der Teufel kam um Mitternacht

In Stainz bei Straden wollten zwei Bauern in der Christnacht das Glück erzwingen. Zur mitternächtlichen Stunde gingen sie in den Wald zu einem Kreuzweg, über den zuvor noch nie ein Begräbnis geführt hatte. Dort steckten sie mit Ruten, die in einem Jahr gewachsen waren, einen Kreis aus, gerade so groß, dass sie sich darinnen aufhalten konnten. Die zwei Männer wussten, dass es sich dabei um ein gefährliches Spiel mit dem

Teufel handelte und wenn sie beim Erscheinen des Teufels den Kreis verlassen würden, sie des „Mauses" sind. Zur Sicherheit befestigten sie im Boden schwere Eisenringe, an denen sie sich notfalls auch festhalten konnten.

Wie sie nun zur mitternächtlichen Stunde – in völlige Dunkelheit gehüllt – wartend im Kreis der Jahrestriebe saßen, erschienen plötzlich verschiedene Gestalten, unter denen sich ein Hase und ein olt's mühseliges Gweibad's befanden. Mit dieser armen alten Frau hatten die Männer fast Mitleid, und sie waren nahe daran, aus dem Kreis nach ihr hilfreich zu greifen oder zu gehen. Diese alte Frau forderte dann, dass die Männer mit ihrem eigenen Blut einen „süßen Namen" schreiben sollten. Mit einem süßen Namen meinte sie den Namen eines „Heiligen" oder den von „Jesus".

Die Männer aber konnten aus unerklärlichem Grund diese Aufgabe nicht erfüllen. Sie zitterten am ganzen Körper und waren aus Angst wie gelähmt. Wäre es ihnen gelungen, so hätten sie viele „unglückliche Seelen" von ihren Leiden erlöst. Am schrecklichsten jedoch für die Männer war ein über sie schwebendes glühendes Holzbloch, das nur an einem brennenden Zwirnsfaden hing und drohte, auf sie zu stürzen. Da waren sie nahe daran, aus dem Kreis zu entweichen, doch sie wussten, wenn sie den schützenden Kreis

Südost Steiermark

In der Mitte des Gewölbes wächst gleich einem Thron der beleuchtete Glastisch aus dem Boden.

verließen, würden sie vom heimtückisch auf sie wartenden Teufel zerrissen. Denn zwischen diesen Gestalten und Erscheinungen befand sich immer der Teufel, der listig lachte und die Männer aus dem Kreis zu locken versuchte. Die Männer konnten leider nicht alle gestellten Aufgaben erfüllen, und somit bekamen sie auch nicht den Lohn, einen Sack voll „goldener Taler", den der Teufel nach Erfüllung aller Aufgaben über die Männer in den Kreis geschüttet hätte.

Die Männer warteten nun, bis die Mitternachtsstunde vorüber war und wagten sich erst dann aus dem Kreis. Einer der Männer versicherte, dass er einmal und nie wieder den Teufel herausgefordert habe. Er wohnte in Stainz 42 und lag mehrere Jahre nach Durchführung dieses Brauches in seinem Haus im Sterben. Ein „Versehbote" holte von der Pfarre Straden den Kaplan, da man befürchtete, dass der Mann sterben müsse. Auf dem Weg zum Sterbenden begann der Kaplan ohne merkbaren Grund fürchterlich zu schwitzen, und je näher er zum Haus in Stainz kam, desto schwieriger wurde für ihn das Gehen. Aber auch im Haus ging es sonderbar zu. Je näher der Kaplan kam, umso größer wurden die Schmerzen des Kranken. Nachdem der Kaplan endlich das Haus erreicht hatte, ließ sich die Tür erst nach langem Beten öffnen. Dabei machte es einen Kracher, und das Haus bekam mittendurch einen breiten Sprung, und der Teufel fuhr aus dem Haus. Nun konnte der Kranke gesegnet werden, blieb aber am Leben.

Für Momente herrschte andächtige Stille im Keller des Buschenschanks Laundl. „Ich lese gerne noch eine Sage, aber dieses Geschenk können wir nicht annehmen", durchbrach der Schauspieler schließlich das Schweigen.

„Ihr könnt", antwortete Vater Laundl und öffnete den Zweigelt. „Es ist uns sogar eine große Freude, wenn euch dieses Buch auf eurer weiteren Reise begleitet." Wir stießen zum wiederholten Mal an diesem Abend an.

Dann blätterte der Schauspieler ein paar Seiten weiter. „Das klingt spannend", sagte er, und diesmal nahm er statt sich zu räuspern einen weiteren Schluck. „Jetzt, liebe Leute, hört ihr *Die Hexe von Gleichenberg und das heilende Wasser*."

Die Hexe von Gleichenberg und das heilende Wasser

Auf einem der Vulkankogel in Gleichenberg stehen die Überreste des ehemaligen Schlosses Gleichenberg, die man im Volksmund einfach Meixnerstube nennt. Vor langer, langer Zeit wohnte dort eine Schlossfrau, deren kleiner Sohn von einer schweren Krankheit befallen war. Eines Tages wurde eine Hexe, eine Zigeunerin, im Wald, der das Schloss umgab, festgenommen und der Schlossfrau vorgeführt. Die Schlossfrau war jedoch gütig und ordnete an, dass die Zigeunerin freizulassen wäre. Bevor die Zigeunerin das Schloss verließ, sah sie das kranke Kind und versprach, täglich von einem heilenden Wasser zu bringen.

Die Zigeunerin hielt ihr Wort und nach einiger Zeit war der Knabe von seinem Leiden befreit. Zum Dank erhielt die Zigeunerin vom Hals des Knaben einen Anhänger, den sie sich umhängte und verschwand leise.

Inzwischen wuchs der Knabe zu einem Mann heran und wurde der neue Schlossherr. Da brachten eines Tages die Männer des Schlosses eine alte Hexe in den Schlosshof, die sich mit aller Kraft gegen ihre Festnahme wehrte. Die Alte wurde gefoltert und schrecklichen Qualen ausgesetzt. Der Burgherr sah einmal nach, was hier vorging und stand nun vor der Hexe. Von den Männern wurde sie gerade hin- und hergeschmissen, als aus ihrer Kleidung plötzlich der schöne Anhänger hervorkollerte und dem Burgherrn vor die Füße fiel. Dieser erblickte sofort, dass dies der Anhänger war, den er als kleines Kind getragen und den seine Mutter der Zigeunerin geschenkt hatte, die ihn von der tödlichen Krankheit heilte. Die Alte wurde sofort befreit, und bevor sie starb, zeigte sie dem Burgherrn noch, von wo sie das heilende Wasser nahm. Seither hat man das Gleichenberger Wasser zur Heilung von Krankheiten verwendet, und sein guter Ruf verbreitete sich in vielen Ländern.

„Wir werden dieses Buch in Ehren halten", versprach der Schauspieler, als wir uns zu später Stunde mit einem Rucksack voller Eindrücke von diesem ersten Tag auf den Weg in unsere Betten machten.

Ein langer Abend geht zur Neige. Ein letztes Prost, dann zahlen und schließlich ab ins Winzerzimmer.

121

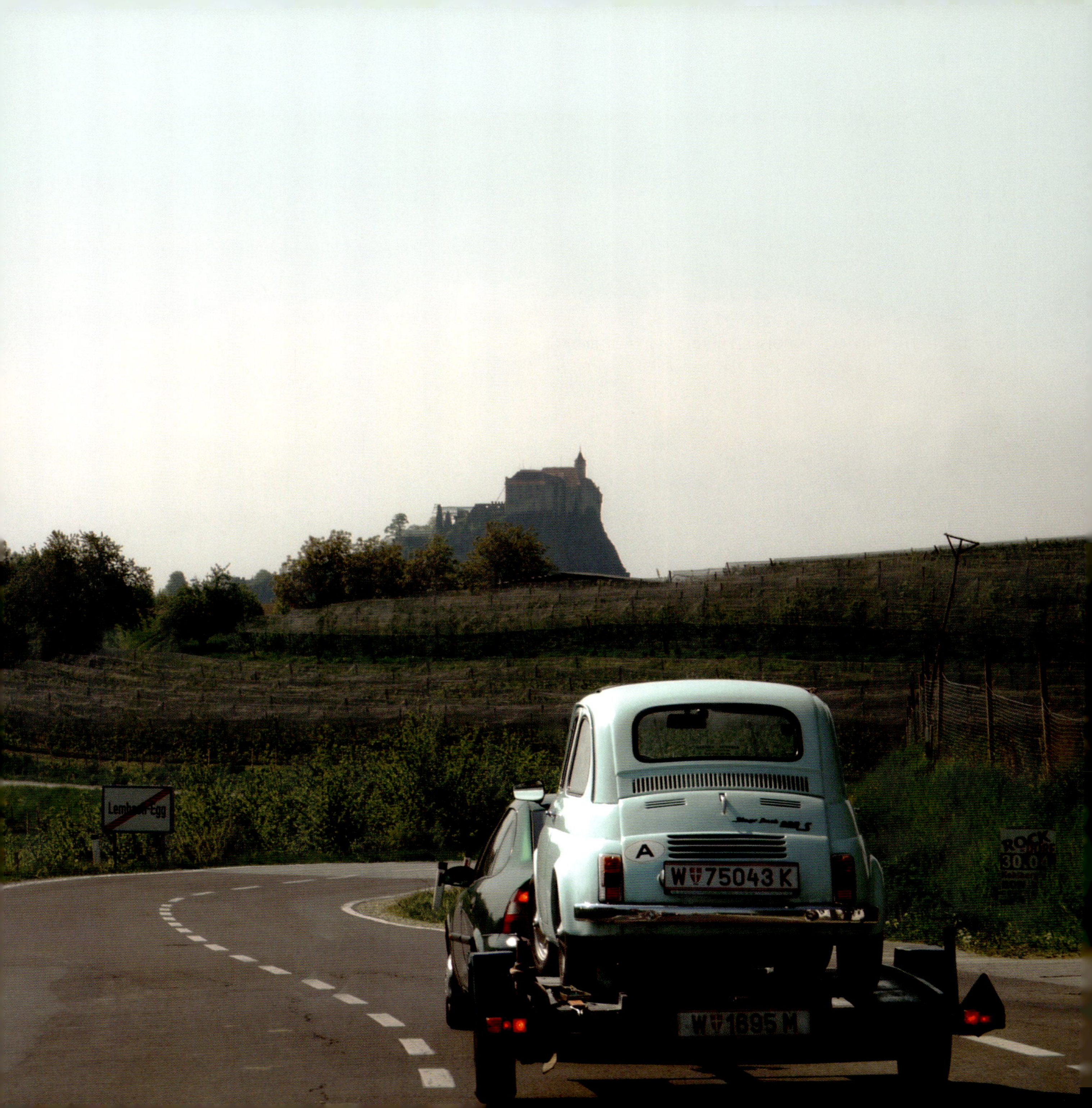
W 75043 K
W 1895 M
ROCK
30.04

Der Buschenschank als Missionsstation

Die Wettergötter waren abermals mit uns, als wir den zweiten Tag, den Sonntag, in Angriff nahmen. Der Fotograf war als erster auf den Beinen, schließlich hatte er schon sehr früh den Termin bei den Mangalitza-Schweinen, und gegen halb neun saßen wir wieder gemeinsam im Garten des Schauspielers unter dem großen Baum und schmiedeten Pläne. Die Morgennebel waren strahlendem Sonnenschein gewichen, der Kaffee schmeckte herrlich und auch das Buch mit den Sagen lag griffbereit.

„Also", sagte der Schauspieler, breitete die Landkarte auf dem großen Tisch unter dem großen Baum aus und zeigte auf Markt Hartmannsdorf, nord-westlich von Riegersburg. „Hier sind wir. Ein bisserl nördlicher noch, aber Ziegenberg ist hier nicht einmal eingezeichnet, so klein ist es. Ich schlage vor, wir fahren hinunter nach Süden bis an die Grenze zu Slowenien, also bis Bad Radkersburg. Und dann rollen wir das Feld quasi von hinten auf. Erst die Klöcher Weinstraße, dann einen Abstecher auf die Südoststeirische Hügelland-Weinstraße und am Schluss wieder auf die Thermenland Weinstraße, auf der wir schon gestern unterwegs waren."

Es regte sich kein Widerspruch. „Nun denn, Freunde, auf geht's!" Wir schlenderten zum Auto, und der Schauspieler öffnete die Heckklappe des Kombis. „Emilia, hopp!" Die Riegersburg, die man von nahezu jeder höheren Erhebung in der Oststeiermark aus sehen kann, kam näher und näher. Wir fuhren gerade durch die Gemeinde Lembach-Egg, da schlossen wir auf zu einem Wagen mit Wiener Kennzeichen samt Anhänger, auf dem ein alter Puch 500 hin- und herwackelte und bei jeder Bodenwelle auf- und abhüpfte, als hätte er Schluckauf.

„Ein Bild für Götter", frohlockte der Fotograf, der wie schon tags zuvor die Hoheit über das Steuer innehatte. „Vor uns der Puch, im Hintergrund die Burg. Nimm die Kamera und versuch dich als Fotograf", wies er den Schauspieler an. Der fackelte nicht lange. Hinten saß der Journalist, blätterte im Sagenbuch, stieß auf eine Geschichte mit dem Titel *Die Riegersburger Hexengesellschaft* und sagte zum Schauspieler: „Wenn du hier schon als Fotograf dilettierst, dann versuche ich mich als Rezitator. Ich habe da nämlich was zu dieser Burg gefunden, also lauscht andächtig."

Huckepack auf dem Weg zur Riegersburg und ein einsamer Sessel im Garten. Hier sitzt der Schauspieler oft Stunden und schaut ins Land.

Die Riegersburger Hexengesellschaft

Der Hatzendorfer Pfarrer Agricola versammelte um sich eine höchst eigenartige Gesellschaft. Er selbst, der Pfarrer, sagte, er sei mit dem Teufel verbunden und taufte auch die Hatzendorfer Kinder im Namen des Teufels. Um ihn scharrte sich eine Gruppe von Menschen, die rauschende Feste zu feiern verstanden. Und zwar traf sich diese Hexengesell-

123

schaft zwischen Riegersburg und Hatzendorf auf der Anhöhe in Schießl. Auch Katharina Paldauf, die berühmte Blumenhexe und Frau des Riegersburger Gutsverwalters, war unter ihnen. Sie hatte schon zu jener Zeit, man schrieb das 17. Jahrhundert, Beziehungen nach Holland, von wo sie Blumenzwiebel bezog, diese in Töpfe einsetzte und im heutigen Hexenzimmer auf der Riegersburg auch in den Wintermonaten zum Blühen brachte. Diese Kunst wurde ihr zum Verhängnis. Sie kam vor den Richter nach Feldbach, wo man ihr den Bund mit dem Teufel vorwarf, denn nur mit dessen Hilfe konnten die Blumen im Winter blühen. Katharina Paldauf wurde verurteilt und in Feldbach auf dem Scheiterhaufen verbrannt. Auch Pfarrer Agricola wurde im Feldbacher Tabor eingesperrt und zum Tode verurteilt. Vor der Urteilsvollstreckung lag er aber erwürgt im Gefängnis, und ein Rabe flog aus dem Fenster, der als Symbol des entweichenden Teufels gedeutet wurde.

In Hatzendorf begibt man sich auf die Spuren der Hexen.

„Hatzendorf ... Mit Hatzendorf verbinde ich doch irgendwas", murmelte der Journalist nach der Lesung vor sich hin und dachte angestrengt nach. Und plötzlich schoss es ihm ein. „Leute, wir müssen für einen ganz kurzen Abstecher nach Hatzendorf. Und in Hatzendorf zur Kirche."

„Der teuflische Pfarrer Agricola aus deiner Sage wird die Morgenmesse vermutlich aber nicht lesen, denn der ist längst in der Raben-Hölle", scherzte der Fotograf.

„Der nicht, aber ein anderer", tat der Journalist vorerst noch geheimnisvoll.

Rasch hatten wir die Kirche gefunden. Die Messe war in vollem Gange und der Gastgarten des nahe gelegenen Kirchenwirts noch relativ leer. Wir nahmen Platz.

„Was darf's denn sein?"

„Drei große Braune bitte", sagte der Journalist. „Und eine Frage habe ich. Der Pfarrer Franz Brei, kommt der nach der Messe zufällig vorbei bei Ihnen?"

„Nicht nur zufällig", antwortete die Kellnerin mit einem viel sagenden Blick. „Der kommt ganz sicher."

Dann erst klärte der Journalist die beiden anderen auf.

Wenig später spazierte ein kleines Männchen von recht rundlicher Gestalt und aufgrund seines Gewandes schon von weitem unschwer als Pfarrer zu erkennen, gemächlich aber zielsicher auf den Gastgarten zu.

„Guten Tag, Herr Pfarrer."

„Grüß Gott, die Herren. Oh, den einen kenne ich doch. Die Prominenz in unserem kleinen Ort, welche Ehre", lachte der Geistliche. „Kann ich etwas für Sie tun? Bekehren vielleicht?"

Pfarrer Franz Brei ist zwar ein gebürtiger Vorarlberger, aber längst ein südoststeirisches Original.

Ein Mann von fröhlichem Gemüt.
„Man hat mir einiges über Sie erzählt, und nun wollten wir sie einfach kennen lernen", sagte der Journalist und erzählte vom geplanten Buch. „Und da man Sie mir in den buntesten Farben geschildert hat, wären Sie sicherlich eine Bereicherung für unser bescheidenes Werk über Land und Leute, Küche und Keller."
Da grinste der Pfarrer spitzbübisch, bestellte ein großes Bier, setze sich für den Fotografen, der die Kamera längst gezückt hatte, in Pose und meinte: „Und was erzählt man so von mir?"
„Dass sie Buschenschanken als Ihre Missionsstationen bezeichnen und beim Anstoßen angeblich immer ‚Möge Gottes Segen über euer Achtel schweben' sagen. Außerdem sollen Sie ein sehr lustiges und ziemlich außergewöhnliches Fahrrad ihr Eigen nennen."
„Das alles stimmt", antwortete der Pfarrer. „Nur das Rad ist derzeit in Reparatur."
„Was fehlt ihm denn?"
„Der Motor stottert. Außerdem ist es kein Fahrrad, sondern ein *Pfarr*rad ..."
„Mit Motor?"
„Ja, ein altes Waffenrad, zusammengebaut aus vier alten Waffenrädern und mit einem Hilfsmotor. Alles extra für mich angefertigt. Damit kann ich auch so manche Steigung

Ein „Totempfahl" inmitten einer Wiese und die Kirche, in der Pfarrer Brei seine Messen liest, wenn er nicht gerade in einem Buschenschank missioniert.

zu etwas weiter abgelegenen Buschenschanken bewältigen. Und das Spezielle an diesem Rad ist das große Messingschild im Rahmengeviert. Da steht, damit erst gar keine Unklarheiten aufkommen, in großen Lettern *Katholischer Seelsorger im Dienst* drauf."

Und dann schilderte Pfarrer Brei, ein gebürtiger Vorarlberger, Jahrgang 1968 und bei insgesamt 17 Feuerwehren aktiv dabei, höchst gestenreich, dass die Kirche raus müsste zu den Menschen, „raus in die Fröhlichkeit, raus in die Buschenschanken". Auch hätte er sich für ein Werbeplakat mit dem Slogan „Komm auch du zur Glockenweihe" fotografieren lassen. Allerdings nicht irgendwie, sondern in der Kutte auf einer Harley Davidson. „Um zu vermitteln, dass die Kirche nicht völlig verstaubt ist, sondern sehr modern sein kann."

Wir saßen und plauderten, schließlich trank der Pfarrer noch ein kleines Bier und verabschiedete sich danach mit den Worten: „Jetzt muss ich aber, denn ich darf zwei schöne junge Leute verheiraten – es ist ein fröhlicher Tag." Und weg war er.

„Zu viel versprochen?", erkundigte sich der Journalist.

„Keineswegs. Ein köstlicher Typ."

Und dann kauften wir bei einem Fleischhauer im Ort drei Leberkässemmerl zum Frühstück.

Die Magie der Riegersburg

"Schon ein unglaublich imposantes Bauwerk", meinte der Journalist auf der Weiterfahrt, als er sich auf einer Anhöhe umdrehte und die riesige Festung abermals in seinem Blickfeld auftauchte. „Irgendwie hat sie was Magisches ..."
„Weil sie quasi von überall aus zu sehen ist und nie eingenommen wurde in ihrer über 850 Jahre alten Geschichte. Vor allem die Türken haben das mit Nachdruck versucht. Das macht wohl viel dieses magischen Reizes aus", erklärte der Schauspieler und überraschte während des gemütlichen weiteren Dahinrollens in Richtung Bad Radkersburg mit reichem Wissen, als wäre er der Burgherr persönlich. Oder zumindest gut bekannt mit dem Burgfräulein.
Heute kommt man auf die auf einem 482 Meter hohen Vulkanfelsen liegende Burg recht rasch hinauf. „90 Sekunden dauert es mit dem Schrägaufzug. Der ist zwar praktisch, aber er passt so überhaupt nicht in die Landschaft, dass es fast schon eine Beleidigung für das Auge ist", ereiferte sich der Schauspieler.
Zu Fuß zöge sich der Aufstieg, wäre aber trotz der oft extremen Steile ein Erlebnis. Drei Kilometer Wehrmauern mit Schießscharten, sieben Torgebäude und elf Basteien – all das lässt erahnen, wie bewegt die Vergangenheit dieser Burg gewesen sein muss. „Und ist man erst einmal oben angekommen, dann fesselt einen zuallererst die unbeschreibliche Aussicht. Und auch die Prunkräume, ich glaube aus dem späten 16. Jahrhundert, sind ein Wahnsinn. Besonders beeindruckend ist der Rittersaal, und die Arkadengänge der Innenhöfe, die ..."
Da unterbrach der Fotograf den Vortragenden: „Und warum sind wir nicht oben?"
„Gute Frage ..."
„Vielleicht, weil es oben keinen Wein gibt?", stichelte der Journalist.
„Den würde es schon geben", widersprach der Schauspieler. „In der Taverne. Sogar einen burgeigenen. Aber soweit ich mich erinnere, ist erst am späten Vormittag Einlass in die Burg."
Der Journalist blätterte wieder einmal in seinem schlauen Büchlein. „Stimmt, in einer halben Stunde erst, um elf. Also erzähl uns, was wir sonst noch so alles versäumen. Und wem gehört die Burg eigentlich? Dem Land Steiermark?"
„Frage zwei: nicht dem Land, sondern der Familie Liechtenstein. Meines Wissens seit 1822. Und die bemüht sich sehr um die Erhaltung. Und versäumen werden wir zwei Langzeit-Ausstellungen zum Beispiel und am Aufgang zur Burg das Weinduftikum."

Nicht nur aus der Luft, auch vom Boden aus ist die Riegersburg aus nahezu jedem Winkel der Oststeiermark zu sehen.

Der Fotograf schaute ungläubig zum Beifahrer. „Das was?"

„Das Weinduftikum", mischte sich der Journalist von hinten ein. „Seite 42 in meinem schlauen Buch. Ich bin gerade zufällig drübergestolpert und lese folgendes: *Worauf kommt es bei der Weinerzeugung an? Was macht ein wirklich gutes Tröpferl aus? Wie wird man ein Weinkenner? Was für eine Geschichte hat hier der Wein? Das Weinduftikum hat sich die Beantwortung dieser Fragen zur Aufgabe gemacht. Und zwar mit allen Sinnen: Wie funktioniert ein altes Kellerschloss aus Holz? Wie greift sich ein Tuffbrocken an, was sind Olivinbomben? Und dann geht's ins Eingemachte: Vogelbeere, Marille, Kriacherl oder Birnenbrand? Sehen hilft da nicht mehr weiter, da muss man sich schon auf den Riechkolben verlassen! Oder am besten gleich beides zusammen in einer vertonten Multivisionsshow über Geschichte, Brauchtum, über Kult und Kunst, Magie und Aberglaube des Weines, während eine speziell für dieses Museum konstruierte „Duftmaschine" allerhand Düfterl zu poetischen Bildern verströmt.* Das klingt nicht uninteressant, aber die machen leider überhaupt erst um 13 Uhr auf."

„Und was steht über die Ausstellungen drin?"

„Nichts."

Da öffnete der Schauspieler das Handschuhfach und kramte ein wenig herum. „Wusst ich's doch! Vom letzten Herbst, als ich oben war." Und dann zog er triumphierend eine kleine Broschüre hervor.

„Hier steht: *Die Ausstellung in den Prunkräumen bietet eine multimediale Reise in die Geschichte der Burg im 17. Jahrhundert. Zwei Frauenschicksale in der Zeit von Türkenkriegen, Frondienst und Hexenwahn, aber auch barocker Lebenslust und Festkultur. Elisabeth Katharina von Galler, von 1648 bis 1672 Burgherrin, ging aufgrund ihres unkonventionellen Lebens als die „Schlimme Liesl" in die Geschichte ein. Allein die Tatsache, dass die Gallerin sich nicht in das enge Korsett von Normen schnüren ließ, in das Frauen im 17. Jahrhundert gepresst waren, sondern ein selbstbestimmtes Leben führte,*

Prunk pur: der Weiße Saal und der Rittersaal der Riegersburg

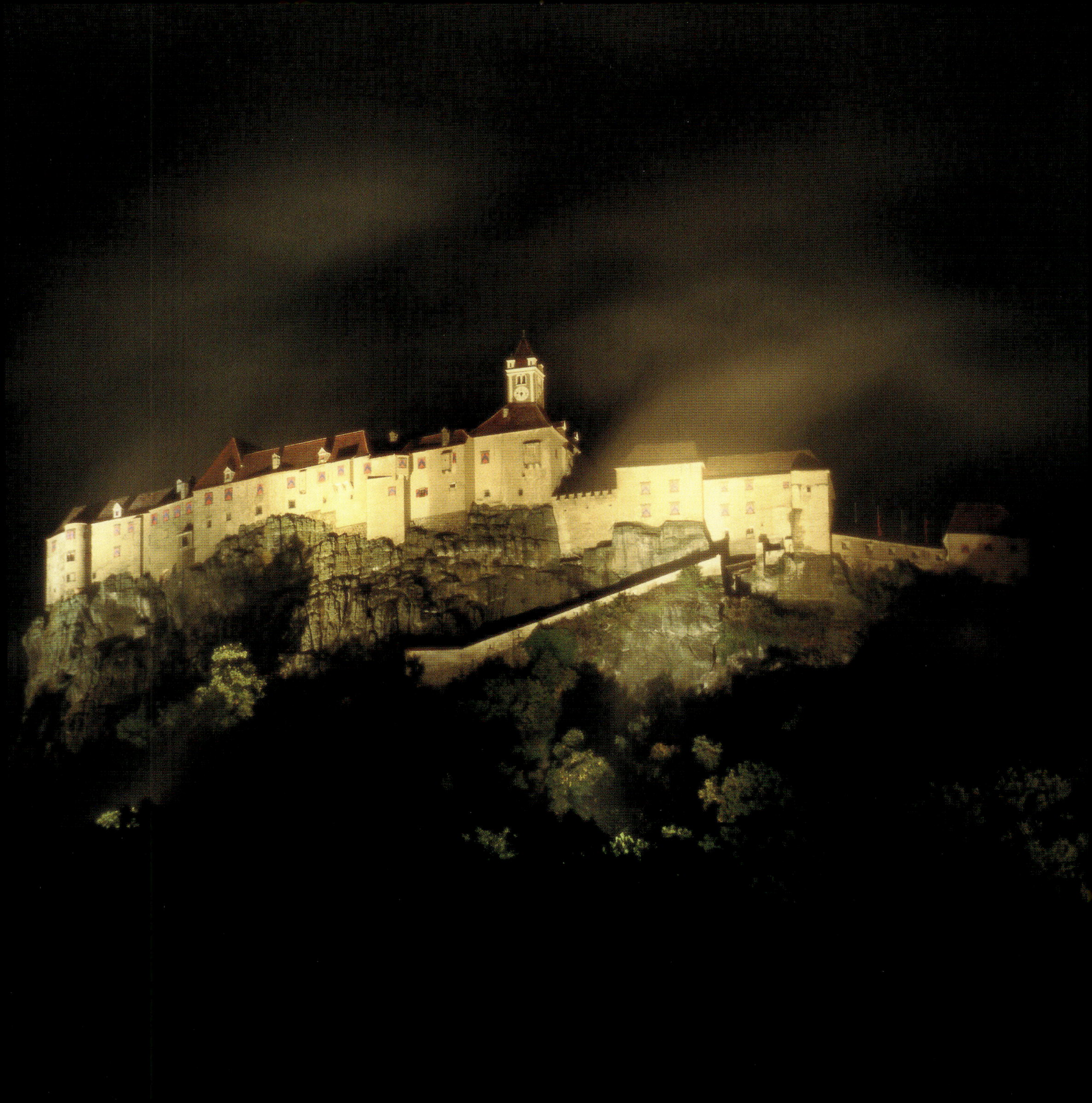

war Grund genug für einen solchen Beinamen. In zahlreichen Prozessen musste sie mit größten Anstrengungen ihre umkämpfte Position als Burgherrin in einer von Männern dominierten Gesellschaft verteidigen. Das Schicksal der Katharina Paldauf, einer Bediensteten der Gallerin, führt zur Auseinandersetzung mit einem der düstersten Kapitel in der Geschichte der Oststeiermark, den Feldbacher Hexenprozessen. Katharina Paldauf, noch heute verharmlosend als die „Blumenhexe" bezeichnet, war eines der Opfer, die unter dem Verdacht, durch Hagel- und Wettermachen die Ernte der Bauern vernichtet zu haben, hingerichtet wurden. Kein Wunder, dass diese beiden Schicksale fruchtbaren Nährboden für eine reiche Legendenbildung boten und die ‚legendären' Geschichten über die beiden Frauen mittlerweile bekannter sind als ihre wahren. Aber auch der Gegensatz von adeligem Leben und barockem Überfluss einerseits und Armut, Aberglauben und Türkenkrieg andererseits wird in der Ausstellung deutlich."

„Und die zweite Ausstellung?"

„Die ist im Keller, im Hexenmuseum, und ist eine – ich zitiere – überarbeitete und neu gestaltete Weiterführung der erfolgreichen Landesausstellung 1987. Die Ausstellung befasst sich mit dem düsteren Kapitel der Hexenverfolgung im 17. und 18. Jahrhundert. Im letzten Drittel des 17. Jahrhunderts kam es in der Südoststeiermark zu einer Serie von Hexenprozessen, in denen angebliche Hexen und Zauberer unter der Folter verzweifelte Geständnisse ablegten, welche dann als Grundlage für grausame Urteile dienten. Oft genügte ein die Ernte beeinträchtigendes Hagelunwetter, um die aufgebrachten Bauern die Suche nach Schuldigen aufnehmen zu lassen, denen man übernatürliche Fähigkeiten zuschrieb. Mitunter boten die Hexenprozesse auch die willkommene Gelegenheit, sich unbeliebter Außenseiter zu entledigen. In der Ausstellung werden die schlimmsten Folgen von Aberglauben und Menschenverhetzung und die Umstände beleuchtet, die zu Folterung und Hinrichtung von Sündenböcken führten."

„Grauslich", sagte der Journalist.

Da tauchte vor uns das Ortsschild „Bad Radkersburg" auf.

Riegersburg, www.veste-riegersburg.at

Sie ging in die Geschichte ein: Burgherrin Katharina von Galler, bekannt für ihren sehr unkonventionellen Lebensstil. Darunter die Eiserne Jungfrau im Hexenmuseum.

Eine süße Versuchung und Wasser statt Öl

„Widmen wir uns jetzt noch ein bisschen der Kultur und der Geschichte dieser Stadt oder gleich der festen und der flüssigen Nahrung?", stellte der Journalist zwei Möglichkeiten zur Diskussion, nachdem wir den Wagen geparkt hatten.

„Ein Altstadtrundgang hätte durchaus seinen Reiz", warf der Fotograf ein, womit die Entscheidung auch schon gefallen war. Ganz ohne Diskussion.

„Emilia, Fuß!" Und dann schlenderten wir einfach drauflos.

Die Menschen, ob per pedes oder auf dem Rad, waren ausnahmslos schon sehr sommerlich unterwegs. Leichte Kleider, kurzärmelige Hemden, und alle mit einem gewinnenden und fröhlichen Lächeln auf den Lippen. Aber wen wundert es, gibt es doch in keiner österreichischen Stadt im Jahr mehr Sonnenstunden als in diesem Kurort mit seiner 80 Grad heißen Thermalquelle. So etwas schlägt sich einfach positiv aufs Gemüt. Und dass wir uns schon die ganze Zeit wie irgendwo im Süden fühlten, kam tatsächlich nicht von ungefähr. Denn spätestens wenn man im Innenhof des Alten Zeughauses mit seinen eindrucksvollen zweigeschossigen Arkaden steht und staunt, spürt man den Einfluss der italienischen Baumeister, die hier im Jahre 1588 zugange waren.

„Bezaubernd", schwärmte der Fotograf, und an der Pistorkaserne vorbei und durch das Frauentor hindurch ging es weiter zur spätbarocken Frauenkirche, deren Turm eine wunderschöne Zwiebelhaube krönt. Schließlich landeten wir auf dem Hauptplatz, und das Kaffeehaus hatte sich angesichts der anhaltend herrlichen Wetterlage selbstverständlich längst unter freiem Himmel breit gemacht. Wir drehten eine Runde, schlurften am Rathaus vorbei, dessen Turm das Wahrzeichen der Stadt ist, bewunderten die zwei- und dreistöckigen Häuser, die einst im Besitz reicher Handelsherren und Adeliger waren, und wiewohl wir auch an diesem Tag noch einiges vorhatten, entschlossen wir uns doch zu einer kleinen Pause.

Wir saßen noch gar nicht so wirklich, da stand auch schon eine bildhübsche Kellnerin an unserem Tisch. „Womit darf ich Ihnen eine Freude machen?"

Willkommen in Bad Radkersburg, dem Kurort an der Grenze zu Slowenien.

Die Bad Radkersburger Murnockerln, die aus einer Not heraus erfunden wurden ...

„Wenn wir schon in Bad Radkersburg sind, sollten wir eigentlich das berühmte Mineralwasser trinken. Außerdem werden wir heute ohnehin noch genügend Wein bekommen", antwortete der Journalist Vernunft vortäuschend. Die anderen nickten zustimmend, wenn auch irgendwie halbherzig.

„Drei Mineralwasser, gerne. Und dazu vielleicht Murnockerln?"
Der Journalist schaute erstaunt. „Was bitte sind Murnockerln?"
Und der Fotograf wollte wissen, warum das Mineralwasser berühmt ist.
Die junge Frau entpuppte sich als wandelndes Auskunftsbüro. „Was wollt ihr zuerst wissen? Warum das Wasser berühmt ist oder was die Murnockerl sind? Oder soll ich zuerst alles bringen?"
Der Journalist war ein bisschen skeptisch. „Nein, zuerst erzählen bitte. Vielleicht wollen wir die Murnockerl dann ja gar nicht mehr."
„Das glaube ich zwar nicht, aber bitte." Und dann hob sie an und plauderte auf uns ein, wie wenn ein kurzes, warmes Sommergewitter über uns niederginge.
„Es war in einem kleinen Lokal mitten in der Altstadt. Die Leute sind zusammen gesessen, haben philosophiert über Gott und die Welt, und irgendwann hat einer den entscheidenden Satz gesagt: ‚Ich weiß nicht recht, die Salzburger haben die Mozartkugeln, die Wiener die Sachertorte, die Linzer die Linzer Radeln, nur wir haben nix.'
‚Wie wär's mit einem Radkers*burger*?', hat ein anderer gemeint.
‚Fast food? Blödsinn!'
Und dann hatte einer die entscheidende Idee. ‚Schauts euch doch einfach in der Stadt um: Wir haben eine Stadtmauer. Aber Stadtmauerziegel? Das klingt zu hart. Weinbeißer? Die gibt's schon. Museumskeks? Klingt ziemlich altbacken. Aber was ist denn sonst noch typisch und unverwechselbar für Bad Radkersburg? Na, Leute? Die Murgasse mit ihren Pflastersteinen natürlich! Und wie heißen diese Pflastersteine? Eben, Murnockerl!'
Das war also die Geburtsstunde dieser kleinen Gustostückerl aus Schokolade. Und? Darf ich welche bringen?"
Eine Minute später kehrte sie mit tatsächlich ausgezeichneten Murnockerln wieder und schenkte Mineralwasser ein. „Und mit dem Wasser verhält es sich so: 1927 hat man in Radkersburg nach Erdöl gesucht. Anstelle von Öl hat man aber Wasser gefunden, doch erst Mitte der 1950er Jahre hat eine Analyse gezeigt, dass diese Quelle von außergewöhnlicher Zusammensetzung und Heilkraft ist. 1962 erklärte man die *Radkersburger Stadtquelle*, das ist der offizielle Name des Mineralwassers, dann zur Heilquelle. Wegen seiner Zusammensetzung erwies sich das Mineralwasser sowohl für Trink- als auch für Badekuren als besonders geeignet. Bald darauf wurde das

Dieses Straßenpflaster ist Namensgeber für die süßen Murnockerl.

heutige Kurzentrum errichtet und mit Trinkkuren der Grundstein für die Entwicklung zum Kurort gelegt. 1975 erfolgte die offizielle Ernennung Radkersburgs zum Kurort, ausgedrückt im neuen Stadtnamen *Bad Radkersburg.* Und der Erkenntnis, dass der hohe Magnesiumgehalt des Mineralwassers eine Stress mindernde Wirkung hat, wurde durch die Gründung des Instituts für angewandte Stressforschung 1993 Rechnung getragen. Gegenwärtig werden jährlich zehn Millionen Liter Radkersburger Mineralwasser unter dem Markennamen *Long Life* gefördert und verkauft."

„Das klang jetzt aber ein bisschen auswendig aufgesagt", vermutete der Schauspieler, der Mann vom Fach also, und lächelte charmant.

„War's auch", gab die Kellnerin keck grinsend zu. „Aber wenn Saison ist und die Touristen da sind, dann muss man solche Sachen wissen, weil dich jeder dritte danach fragt." Und dann entschwand sie.

Der Journalist schaute ihr nach. „Ein süßes Mädel."

„Aber trotzdem werden wir jetzt zahlen und weiterfahren", blies der Fotograf zum Aufbruch.

Auf dem Weg zum Auto machten wir noch einen kleinen Umweg durch die Stadt, als der Schauspieler plötzlich laut lachte. „Jetzt weiß ich, wohin der Wiener mit seinem Puch auf dem Anhänger unterwegs war."

„Wohin?"

„Nach Bad Radkersburg."

„Wie kommst du drauf?"

„Schaut mal, wie das Haus heißt, vor dem wir gerade stehen."

Es war das Puch-Haus. Jenes Gebäude, in dem Johann Puch, der Gründer der Grazer Puch-Werke, einst das Schlosserhandwerk erlernt hatte.

Mittags-Traminer und Reben im Stress

Von Radkersburg nach Klöch, in Österreichs Traminer-Hochburg, ist es selbst dann ein Katzensprung, wenn man in besserem Schritttempo hinter einem Huckepack genommenen Puch 500 hinterher tuckert. Der Zufall nämlich wollte es, dass eben genau das zum zweiten Mal an diesem Tag geschah. „Vielleicht ist das ein Zeichen, ein Wink des Himmels, und soll uns daran erinnern, dass es ratsam ist, im Steirischen Weinland stets ein Ersatzauto bei der Hand zu haben. Man weiß ja nie", orakelte der Journalist.
„Möglich. Oder in Radkersburg ist im Puch-Haus eine Puch-Klinik versteckt. Und der vor uns hatte einen Termin. Quasi wie beim Zahn- oder beim Ohrenarzt", meinte der Schauspieler weit weniger mystisch.
„Apropos Termin: Sind wir beim Frühwirth eigentlich angemeldet? Denn offen hat der jetzt um die Mittagszeit sicher noch nicht", war einzig der Fotograf mit Ernst bei der Sache.
Der Journalist lächelte milde. „Sind wir Profis oder Dilettanten?"
Wir wurden erwartet. „Da habt ihr euch für den Besuch bei uns ja einen Traumtag ausgesucht", nahmen uns Fritz senior und Fritz junior vor dem Haus in Empfang. Das lag zwar nach vorne direkt an der Bundesstraße, doch seitlich und nach hinten hin

*Beim Frühwirth in Klöch oder:
Im Zentrum des Traminer.*

schmiegte es sich an Weinberge und Wiesen, wie sich Verliebte auf einer Bank im Park aneinanderschmiegen. Ein herrliches Anwesen.

„Erst eine kleine Führung oder gleich ein Glaserl auf der Terrasse?"

Wir entschlossen uns für die Führung und bekamen als erstes den Keller zu sehen.

„In diesen 225-Liter-Barriquefässern reifen unsere Roten. Und wenn der Wein in den Fässern ist, darf er nur mehr begleitet werden, möglichst ohne Eingriffe." Guter Wein, philosophierte der Senior, entstünde auch aus dem, was man *nicht* täte, aus der bewussten Einschränkung, der Konzentration auf das Wesentliche und der damit verbundenen Bereitschaft, auch Risiken einzugehen. „Nicht der technisch perfekt gemachte Wein ist der wertvolle, sondern der authentische, der unverfälschte, der unverwechselbare."

Erbaut wurde der Sandsteinkeller Anfang der 1970er Jahre, wobei der Sandstein neben dem optischen Aufputz vor allem auch als Klimaregulator dient. „Der Stein speichert die Feuchtigkeit sehr gut und gibt sie kontinuierlich wieder ab."

Wieder auf und nicht mehr unter der Erde, fanden wir uns im Degustationsraum wieder. „Wissen Sie, es ist ein Gesetz der Natur: Nur an einem offenen Platz findet man auch offene Menschen. Diese Einstellung war auch die Grundlage für die Gestaltung dieses Raums", erzählte der Junior. Tatsächlich war er einladend und modern. In seiner Mitte zog ein riesiger Tisch aus kräftigem Nussholz unsere Blicke auf sich, das Eingangs-Portal war aus massivem Sandstein, und beeindruckend fanden wir auch die Glas-Präsentationswand der Weine. Die war auf Knopfdruck in verschiedene, ineinander fließende Farben getaucht. Klingt kitschig, war es aber nicht. Und direkt

Fritz Frühwirth senior über den Wein: Nicht der technisch perfekt gemachte ist der wertvolle, sondern der unverfälschte.

Neben der Familie Frühwirth weiterer wichtiger Traminer-Winzer: die Familie Gießauf-Nell.

vom Verkostungsraum ging er raus auf die riesige Terrasse mit Blick auf das Weinland und über die grüne Grenze nach Slowenien.

Die Einstellung der Frühwirths zum Wein erwies sich im Zuge der Plauderei als äußerst sympathische, vor allem als äußerst erdige. So meinte der Senior beim Entkorken der ersten Flasche, dass man „lange über Wein philosophieren kann. Oder ihn einfach trinken und seine Freude daran haben. Wir sind entschieden für die zweite Möglichkeit. Man braucht Wein nicht zu verstehen. Das Wichtigste ist, ihn zu genießen."

Wir starteten mit einem sehr lebendigen, leichten Welsch, tasteten uns über eine Scheurebe Schluck für Schluck zum Sauvignon blanc vor und hantelten uns schließlich über den Morillon und den Weißburgunder zum Traminer und Gewürztraminer. Zu jenen 13 und mehr Prozent schweren Weißweinen also, vor denen sich der Journalist am Vortag noch gefürchtet hatte. Denn bis zu diesem Moment verband er mit der Beschreibung „lieblich" in Zusammenhang mit Wein schlicht und einfach zuckerlsüß.

Er musste sein Vorurteil revidieren, denn er war ebenso hin und weg von diesen Tropfen wie der Schauspieler und der Fotograf. Gut, strahlender Sonnenschein und frühsommerliche Hitze zur Mittagszeit sind nicht unbedingt die besten Voraussetzungen für eine Traminer-Verkostung, aber auch nicht unbedingt hinderlich. Alles eine Frage der Einstellung. Und natürlich der Menge – übertreiben sollte man es nicht

Hausherr Josef Gießauf-Nell hat den richtigen Riecher: Seine Traminer zählen zu den besten.

zu dieser Tageszeit. Und immer wieder ein großer Schluck Wasser zwischendurch ist sicher auch kein Fehler.

„Erklären Sie uns den Traminer und den Gewürztraminer ein wenig genauer", bat der Journalist die Gastgeber.

Der Unterschied zwischen Traminer und Gewürztraminer liegt ausschließlich im Duft und Aroma begründet, wobei der Gewürztraminer das noch kräftigere, würzigere und aromatischere Sortenbukett hat. Beide aber erinnern von der Nase her ganz deutlich an Rosenblätter. Jahrgangsbedingt zeigt der sonst grün- und goldgelbe Wein auch einen leicht rötlichen Goldschimmer. Wird der Traminer aus unreifen Trauben gekeltert, so weisen die Weine eine Art Gerbton wie bei der Lederherstellung auf. Sie schmecken extrem vollmundig und enthalten viel Extrakt und Alkohol, oft bis zu 14 Prozent, jedoch meist mit relativ wenig Säure und sehr häufig deutlicher Restsüße. Traminer-Weine haben im Allgemeinen ihren Reifehöhepunkt nach drei bis sechs Jahren und sind extrem gut lagerbar.

Der Ursprung dieser Sorte lässt sich hingegen nicht mehr genau bestimmen. Die Heimat könnte Ägypten sein, weil man in Pharaonengräbern Traubenkerne des Traminers gefunden hat, andererseits wird Thessalien im nördlichen Griechenland ins Spiel gebracht. Eine dritte Meinung verlegt den Ursprung nach Südtirol. Der Name Traminer lässt sich auf den Weinort Tramin, südlich von Bozen, zurückführen. Sicher jedoch ist lediglich, dass es sich um eine der ältesten Rebsorten handelt.

„Bei uns macht der Traminer rund zehn Prozent des Sortenspiegels aus", erläuterte der Senior, gemeinsam mit seinem Sohn Herr über insgesamt elf Hektar Rebfläche. „Nicht gerade wenig", bemerkte der Schauspieler anerkennend.

„Allerdings", übernahm nun der Junior. „Und die Qualität des Weines wächst im Weingarten. Das ist zwar eine Binsenweisheit, aber eben doch eine Weisheit. Insofern haben wir uns nicht über zu wenig Arbeit zu beklagen. Und auch die sorgfältige und ständige Kontrolle ist nichts für Hektiker, da braucht man fast schon meditativen Gleichmut. Hingabe, das ist ein Zauberwort, wenn man schöne Weine produzieren möchte."

Nun wurde der Fotograf neugierig. „Ihr Vater hat mir vorhin erzählt, dass bei Neupflanzungen auf einen Hektar bis zu 5.000 Rebstöcke kommen. Im Vergleich zu früher wäre das fast das Doppelte. Warum denn das?"

„Sicher nicht, um noch mehr Arbeit zu haben", lachte der Junior. „Nein, die Wahrheit ist schlicht die: Je enger die Rebstöcke beieinander stehen, desto tiefer treiben sie ihre Wurzeln in den Boden, und die Reben liefern kleine Beeren mit noch dickerer Schale. Und diese Beeren sind uns am liebsten, denn bekanntlich stecken in der Schale die Farbe und die wunderbaren Aromen. Man könnte auch so sagen: Je enger die Rebstöcke stehen, desto mehr Stress haben sie. Und dieser Stress tut ihnen gut."

Das war das Stichwort. Nicht, dass wir wirklich im Stress gewesen wären, doch die Gefahr, noch Stunden beim Frühwirth picken zu bleiben, der sich mit seinen Kollegen Rudolf Palz, Josef Wonisch und Josef Gießauf-Nell zur Gruppe der „Klöcher Qualitätsbuschenschenker" zusammengetan hat, erschien uns einfach zu groß ...

Weingut Frühwirth, Deutsch Haseldorf 46, 8493 Klöch, Tel. u. Fax 03475/23 38
E-Mail: weingut@fruehwirth.at, www.fruehwirth.at

Weingut und Dauerbuschenschank Palz, Klöchberg 55, 8493 Klöch
Tel. 03475/25 90, 0664/421 09 87, Fax 03475/25 90-4
E-Mail: Rudolf@weingutpalz.at, www.weingutpalz.at

Weinbau & Buschenschank Wonisch, 8493 Klöch 65, Tel. u. Fax 03475/23 47
E-Mail: wonisch-weine@aon.at, www.weinbau-wonisch.at

Weinbauernhof Gießauf-Nell, 8493 Klöch 64, Tel. u. Fax 03475/72 65
E-Mail: aon.912251703@aon.at, www.giessauf-nell.at

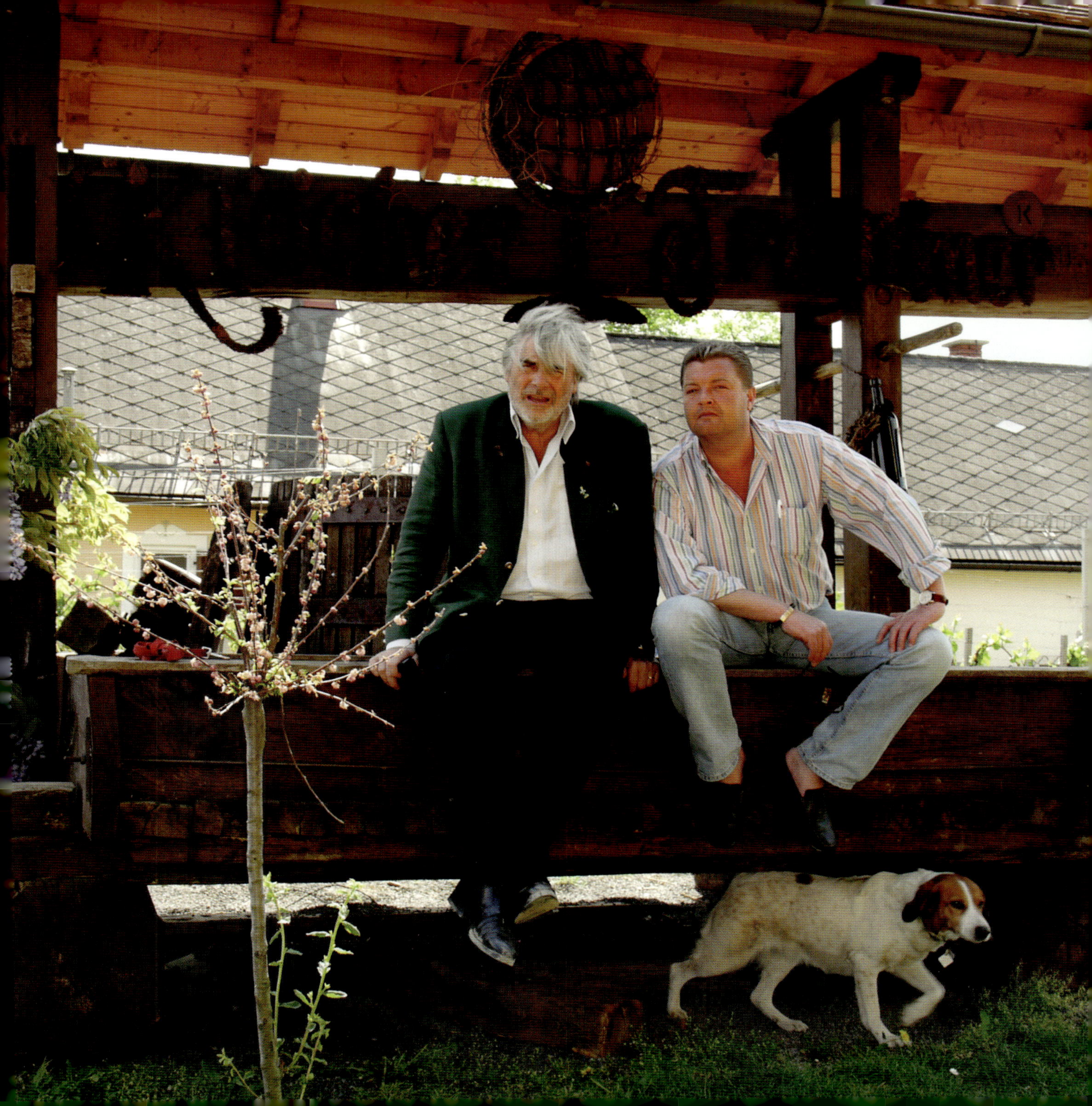

Der Wirt mit dem größten Vogel

Fotograf, Schauspieler, Journalist und Hund bestiegen, nicht ohne sich vorher mit ein paar Flaschen für den Hausgebrauch eingedeckt zu haben, den Fluchtwagen. Der Fotograf ließ den Motor an, fuhr so lange, bis das Quartett außer Sichtweite war und dann rechts ran an den Straßenrand. „So gemütlich und gut es bei den Frühwirths auch war: Wenn wir nicht die Reißleine gezogen hätten, säßen wir jetzt gerade beim ersten Roten und hätten den Absprung vermutlich nie mehr geschafft. Trotzdem stellt sich die Frage: Was nun? Außerdem haben wir außer je eine Leberkässemmel und jetzt ein bisserl Speck heute noch nichts gegessen."

„Keine Ahnung", sagte der Schauspieler und gähnte mit Emilia ein lautstarkes und leidenschaftliches Duett. „Ich jedenfalls kann momentan unmöglich irgendwo sitzen und schon wieder Wein trinken. Auch wenn wir nur schluckweise und maximal drei, bestenfalls vier Achtel gekostet haben, brauche ich eine kleine Pause."

„Bei mir waren es allerhöchstens eineinhalb", legte der Fotograf in seiner Funktion als Fahrer Wert auf seine pflichtbewusste Zurückhaltung.

Da meldete sich der Journalist von der Rückbank, der bis dahin wortlos in seinem schlauen Buch geblättert hatte. „Wir drehen um."

„Hast du was vergessen?"

„Nein, ich habe eine Idee."

Die Idee lag knapp eine Viertelstunde entfernt in Oberpurkla bei Halbenrain und war abermals ein Buschenschank. Allerdings kein gewöhnlicher, wie schon der Name verriet, der unübersehbar in großen Buchstaben auf die Hauswand gepinselt war – „Buschenschank zum Straussenblick". Und in diesem Buschenschank mit angeschlossener Straußenfarm kredenzte man sensationell guten, absolut alkoholfreien weißen und roten Traubensaft, das sei an dieser Stelle all jenen gesagt, die vorher zufällig beim Frühwirth oder sonstwo in der Gegend waren und vom Traminer genascht haben.

Ein vielleicht nicht typischer Name für einen Buschenschank, er spricht aber für sich ...

Aber eben nicht nur den, sondern nebst allerlei kulinarischen Extravaganzen wie garnierte Zunge vom Borstenvieh auch zahlreiche Spezialitäten vom Strauß. Ein kleiner Auszug aus der Karte gefällig? Grissini umhüllt mit geräuchertem Rohschinken vom Strauß; Saures Straußenherz mit Zwiebel, Essig und Kernöl; Straußen-Selchwürstl mit Kräutertopfenaufstrich; Streichwurst von der Straußenleber, Straußen-Edelschinken – viele Produkte sind auch im Lebensmittelhandel zu kaufen.

„Wenn ich sage, dass ich der Wirt mit dem größten Vogel bin, dann stimmt das. Nein, eigentlich doch nicht ganz, denn ich bin der Wirt mit den größten Vögeln, denn

derzeit haben wir 150", erzählte Gerhard Edelsbrunner, der Hausherr, der einst die Landesweinbaufachschule Silberberg besuchte, dessen große Liebe aber immer schon mehr den Tieren galt. Und so investierte er bereits als Bub nahezu sein gesamtes Taschengeld in Bücher über Tiere und deren Haltung, ehe es ihm irgendwann der Strauß angetan hatte. „Weil er nicht nur der größte Vogel ist, er ist auch der schnellste Läufer und legt die größten Eier. Viel später erfuhr ich dann, dass man diesen Wundervogel gut züchten und mit ihm als Nutztier das Angebot alternativer landwirtschaftlicher Erzeugnisse um interessante Produkte bereichern kann."
1990 bekam Edelsbrunner erstmals lebende Strauße zu Gesicht, und von da an

Vier aus 150 – denn so viele Strauße sind es insgesamt, die Gerhard Edelsbrunner auf seiner Farm nahe Oberpurkla hält.

Käferbohnen, Kernöl und Straußenschinken sind nur ein Beispiel für die bunte kulinarische Straußen-Palette, die das Ehepaar Edelsbrunner an den Gast bringt.

konnte er sich von dem Gedanken, Strauße zu züchten, endgültig nicht mehr trennen. Im März 1993 wurde es dann ernst. Gemeinsam mit einem Mitinteressenten ließ er im Sommer die ersten Strauße aus Namibia einfliegen, zwei Hähne und vier Hennen. Rasch wurden einige Hektar Ackerboden in saftiges Weideland umgewandelt und eingezäunt, und heute leben die Tiere ihrer Art und ihren Bedürfnissen entsprechend in freier Natur, werden mit natürlichem Futter aufgezogen und erfreuen sich ohne jeglichen Einsatz chemischer Zuchthilfen, ohne Antibiotika oder importierte Futterzusätze so exzellenter Gesundheit, dass eine fleißige Staußenhenne 40 bis 60 Eier in einer Saison legt.

Inzwischen dürfte der Traubensaft den Schauspieler wieder putzmunter gemacht haben, denn nachdem sich der Wirt anderen Gästen zugewandt hatte und wir einfach nur entspannt dasaßen und herrliche Luft atmeten, brach es plötzlich aus ihm heraus. „Der Krispel", rief er voller Euphorie. „Seit Tagen denke ich an ihn, und jetzt hätte ich ihn beinahe vergessen. Ich war zwar auch noch nie dort, aber mir haben Leute immer wieder gesagt, dass der ein Muss ist."

Im Gehen lief uns noch einmal der Hausherr über den Weg und pries seine Waren zum Mitnehmen an. Steaks, Schnitzel, Gulasch, Leber oder Hals, alles frisch oder auch tiefgekühlt, Straußeneier, Würstel, sogar Eierlikör sowie allerlei Produkte aus Straußenfedern. Der Journalist kaufte einen Staubwedel, ob seiner antistatischen

*Riesenhafte Straußeneier.
Was macht man mit denen?
Straußeneierlikör zum Beispiel.
Und das ist kein Scherz ...*

Wirkung angeblich ein Wunderding. Bloß verwendet wurde dieser Wedel nie, denn sehr bald hatte die verspielte Emilia ihre große Freude mit ihm.

Straussenfarm/Buschenschank zum Straussenblick, Gerhard & Renate Edelsbrunner
8484 Oberpurkla 11, Tel. 03475/2589, www.straussenfarm.at

Krispels kulinarisches Schlaraffenland

Hier wächst, was später nicht nur das Wollschwein veredelt.

Männer können sich auf den ersten Blick in Frauen verlieben. Und selbstverständlich auch Frauen auf den ersten Blick in Männer. Und Reisende in Sachen Wein in Buschenschanken. So jedenfalls ist es uns ergangen, als wir beim Krispel waren.

Dieser Buschenschank mitsamt seinen Nebengebäuden, in denen sich die großzügig und ungemein geschmackvoll eingerichteten Gästezimmer und Ferienwohnungen befinden, liegt gleichsam in einem riesengroßen Park direkt an der Hügelland-Weinstraße auf halber Strecke zwischen St. Anna und Straden. Eingebettet in unendlich weite Wiesen und Felder, ist dieses Anwesen architektonisch eine über die Jahre gewachsene gesunde Mischung aus Gestern und Heute, aus unkitschiger Rustikalität und unaufdringlicher Moderne. Vor allem aber ist dieser Buschenschank ein kulinarisches Schlaraffenland. Und das nicht zuletzt deshalb, weil hier, wenn auch nicht direkt hier vor Ort, ein Haubenkoch am Werk ist.

„Wir liefern Edi Liebeg, der in Bad Radkersburg im *Hotel im Park* kocht, Teile unserer Mangalitza-Schweine als Rohstoff und bekommen sagenhaft gute Dinge von ihm zurück", machte uns Anton Krispel neugierig darauf, was kurz danach folgen und uns Bissen für Bissen verzaubern sollte. Pasteten auf vielerlei Arten gewürzt, Schmalz mit den unterschiedlichsten Kräutern verfeinert, Grammeltrüffel oder Entenbrust im Wollschweinmantel. Aber auch alles, was im Hause Krispel selbst produziert wird, raubte uns Kostprobe für Kostprobe sämtliche Sinne. Ob die Salami im weißen Schimmel oder das ultimative Highlight, der weiße Speck, der so genannte Neusetzer. „Der liegt über mehrere Monate in einem Bett aus Basaltstein und verschmilzt dort mit Meersalz und Kräutern, wobei wir die Mischung nicht im Detail verraten." Auf unseren Zungen ist dieser Neusetzer dann regelrecht zerflossen, wie Schneeflocken, die der Wind an eine warme Fensterscheibe bläst.

Daniela und Anton Krispel haben sich ganz und gar dem Genuss verschrieben. Eine Philosophie, die – man braucht sich um die Zukunft also nicht zu sorgen – glücklicherweise auch Sohn Stefan längst verinnerlicht hat und der man hier auf Schritt und Tritt begegnet.

Stefan öffnete eine Flasche Weißburgunder. „Alles, was wir tun, tun wir aus Leidenschaft", sagte er. Stimmt, selbst das Flaschenöffnen. Man sah es ihm an.

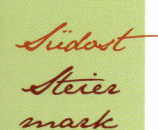

„Weinmachen", bemerkte Vater Anton, „ist wie Kinder erziehen. Natürlich brauchen sie Führung, aber nicht zu viel. Oft ist die beste Erziehung, die Kinder in ihrer Entwicklung nicht zu behindern. Der Charakter, die Kanten und Eigenheiten machen junge Menschen später zu mündigen Bürgern. Beim Wein halten wir es auch so. Die Veranlagung ist da, dafür sorgt die Natur. Wir begleiten die Entwicklung nur, greifen da und dort korrigierend ein und sorgen für die Entfaltung des Charakters. Wir wollen das wertvolle Produkt nicht nötigen, wir wollen es pflegen, hüten und schonen, damit es sich am Gaumen ausgeruht und charaktervoll entfalten kann."

Besonders stolz ist Anton Krispel in diesem Zusammenhang auf die ausgeklügelte Technik in seinem Keller, wo komplett ohne den Einsatz von Pumpen, sprich viel schonender gearbeitet werden kann. „Um aber ohne Pumpen zu arbeiten, gilt es, die Schwerkraft zu überlisten, ohne gleich ein Hochhaus bauen zu müssen. In unserem Keller wird nun auf drei Ebenen gearbeitet, wobei der zu befüllende Tank immer eine Ebene niedriger steht. Nach dem Füllen wird dieser mit einem Kran wieder eine Ebene höher gehoben, und der nächste Arbeitsschritt ist ohne Einsatz von Pumpen möglich."

Egal was im Hause Krispel auf den Teller oder ins Glas kommt, alles für sich ist ein unendlicher Hochgenuss.

Zugegeben, die Technik, und mochte sie noch so innovativ gewesen sein, interessierte uns letztlich doch nicht so rasend. Was uns tatsächlich interessierte, war das Endprodukt, das wahrlich famose. Und so saßen wir im idyllischen Innenhof, kosteten uns durch das breit gefächerte Sortiment mit Welschriesling, Sauvignon blanc oder dem außergewöhnlichen Weißburgunder und erfanden Schluck für Schluck neue Superlative, als wir plötzlich aus der Ferne ein herzzerreißendes Winseln und Wimmern hörten.

„Wo ist Emilia?", schreckte der Schauspieler auf.

„Zuletzt war sie mit mir hinten bei den Schweinen, als ich fotografiert habe."

„Verdammt ..."

Da beruhigte uns der Wirt. „Die Schweine tun ihr nichts. Vermutlich war eure Emilia einfach neugierig oder wollte herumtollen und ist mit der Schnauze am elektrisch geladenen Zaun angekommen. Das kommt ab und zu vor, aber es passiert nichts, weil der Storm nur sehr schwach ist. Sie bekommt bestenfalls einen Schreck."

In dem Moment huschte Emilia offensichtlich verstört ums Eck. Aber mit einem gut gemeinten Stück Schinken vom Wollschwein lässt sich so manches im Leben sehr rasch wieder ins Lot bringen.

Weingut Krispel, Anton & Daniela Krispel, Neusetz 29, 8345 Hof bei Straden
Tel. 03473/78 62, Fax 03473/78 62-4, E-Mail: wein@krispel.at, www.krispel.at

Südost Steiermark

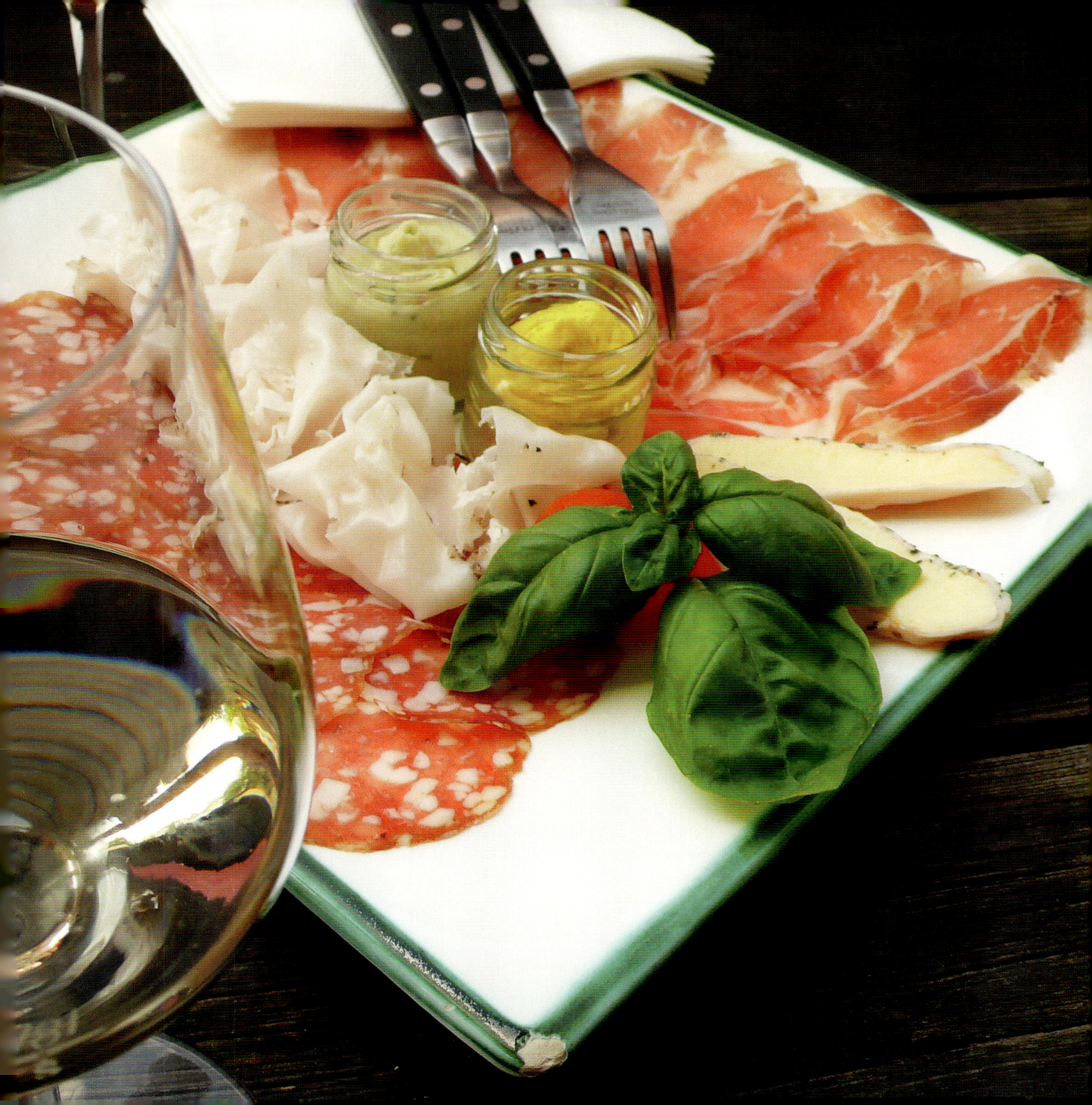

*Wohnen im Buschenschank
Krispel bedeutet Ausspannen pur.*

Südost Steiermark

150

Auf dem Rückweg

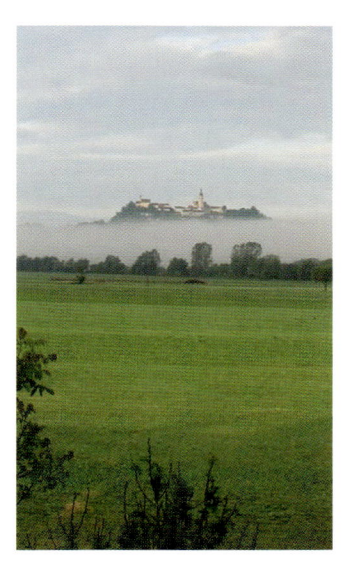

Als sich die drei ungern, aber doch von den Krispels verabschiedet hatten und in der frühen Dämmerung zum Auto schlurften, entfaltete der Journalist im Gehen die Karte, blickte auf die Uhr und sagte: „Es stellt sich die Frage, worauf wir uns jetzt einigen. Einigen wir uns darauf, dass bis auf Widerruf später Nachmittag ist, oder ist jetzt doch schon früher Abend?"

Der Schauspieler hob die Augenbrauen. „Was macht den Unterschied?"

„Wenn wir uns auf frühen Abend einigen, dann könnten wir langsam auch an Feierabend denken. Wenn aber noch Nachmittag ist, dann ruft weiterhin die Pflicht. Dann, Amigos, das sagt mir zumindest die Karte und sollte unser Schaden nicht sein, müssten wir noch weiter westwärts reiten, erst nach Straden und dann unbedingt zum berühmten Neumeister. Und wenn's uns lustig ist, könnten wir überhaupt noch bis St. Peter am Otterbach weiterfahren, wo die Hügelland-Weinstraße endet."

„Der Neumeister ist an sich ein Muss, das stimmt absolut, aber für den bräuchte es Hunger, weil er nicht nur grandiose Weine hat, wie wir alle wissen, sondern auch ein phantastisches Restaurant. Aber Hunger wird momentan wohl keiner haben, nehme ich zumindest an."

„Nein, leider kein Hunger."

„Ich blöderweise auch nicht."

„Und für Straden", fuhr der Schauspieler fort, „bräuchte es mehr Tageslicht und mehr Zeit. Erstens ist Straden wirklich wahnsinnig reizvoll, wie es mit seinen drei Kirchtürmen hoch oben auf einem Hügel thront. Da müssten wir wie in Radkersburg zumindest herumspazieren und schauen. Und zweitens hat Straden auch sonst allerhand zu bieten. Das Österreichische Kabarett-Archiv hat beispielsweise seinen Sitz in Straden und ständig Ausstellungen. Und dann erinnere ich mich an zwei irrsinnig interessante Läden. Die Greißlerei de Merin und die KostBar in Stainz bei Straden. In der KostBar haben sie ungefähr 400 Produkte von 50 oder 60 Produzenten aus dem gesamten Vulkanland, die man in aller Ruhe verkosten und kaufen kann. Und jetzt habe ich euch nur ein bisschen von dem erzählt, was es in Straden alles gibt."

Der Journalist runzelte die Stirn. „Mitunter ist das Leben ungerecht. Können wir nicht morgen zum Neumeister fahren, davor stundenlang nichts essen, und dann in Straden den Verdauungsspaziergang machen?"

„Planen wir den morgigen Tag am Abend beim Gute-Nacht-Achtel", sagte der Fotograf und öffnete Emilia die Heckklappe, worauf ein völlig zerfledderter Staubwedel aus Straußenfedern zum Vorschein kam.

„Jetzt wissen wir also, was wir heute nicht mehr machen", sagte der Journalist. „Und was machen wir stattdessen?"

In Straden, dem Ort, der hier aus dem Nebel wächst, ist nicht nur Wein zu Hause, sondern auch das österreichische Kabarett-Archiv.

Zahlreiche Sagen aus dem Vulkanland ranken sich um Straden.

„Uns langsam auf den Rückweg, würde ich sagen. Schließlich sind wir schon wieder ziemlich lange unterwegs. Und auf diesem Rückweg machen wir einfach noch zwei oder drei Zwischenstopps", meinte der Schauspieler und schlug als ersten die Gesamtsteirische Vinothek in St. Anna am Aigen vor.

Die anderen waren einverstanden. „Gekauft."

Während Schauspieler und Fotograf Schätzungen anstellten, wie weit man mit einem Auto noch kommen würde, dessen Benzinanzeige permanent bedrohlich blinkt, und die beiden schließlich beschlossen, sicherheitshalber die nächste Tankstelle aufzusuchen, saß der Journalist auf der Rückbank und blätterte im Sagenbuch.

„Habt ihr das Tankproblem gelöst?"

„Ja, eine Füllung dürfte ratsam sein."

„Also habt ihr ein Ohr für mich? Gut. Jetzt leiste nämlich ich einen Betrag zu jenem Ort, der uns heute nicht gesehen hat und nicht mehr sehen wird."

Und dann las der Journalist die kurze Geschichte von der Stradner Zwingmesse vor

Die Stradner Zwingmesse

In Straden lebte eine fromme alte Frau, die jeden Tag zur Messe ging. Weil sie keine Uhr im Hause hatte, kam sie einmal in die Kirche, als es noch stockdunkel war. Sie setzte sich in die erste Bank und wartete auf den Beginn der Messe.
Es dauerte nicht lange, bis der Priester mit den Ministranten aus der Sakristei erschien und mit der heiligen Handlung begann. Plötzlich stellte die Frau fest, dass der Priester ein längst verstorbener Geistlicher war, und als sie daraufhin die übrigen Kirchenbesucher näher musterte, konnte sie mit Entsetzen feststellen, dass nur Verstorbene im Gotteshaus anwesend waren. Nach Schluss des Gottesdienstes wollte sie eilends die Kirche verlassen und strebte mit zitternden Knien zur Tür hin. Da trat eine verstorbene Nachbarin vor sie hin und sagte: „Lass dein Halstuch bei der Kirchentür liegen, sonst wirst du von den Geistern zerrissen!" Die Frau befolgte den Rat, und lief nach Hause, wo sie aus Erschöpfung sofort ins Bett gehen musste.
Am nächsten Morgen, als die Leute zur Frühmesse gingen, fanden sie auf jedem Grabhügel ein Stückchen des klein zerfetzten Halstuches der alten Frau.

„Glück gehabt", sagte der Fotograf.
Wenig später war auch der Tank wieder voll, und die drei brauchten keine Angst mehr zu haben, auf dem Weg nach St. Anna ungewollt am Straßenrand liegen zu bleiben. Nicht uninteressant, diese Gesamtsteirische Vinothek. Von der Ferne glich sie im Abendlicht einem eben gelandeten Ufo in einem Science-Fiction-Film, so futuristisch wie sie hoch oben auf 403 Metern auf dem Hügel hockt. Passt das Wetter und kommt man früher, genießt man ein Panorama, das sich im Norden bis zum Wechselgebiet und im Süden sogar bis Kroatien erstreckt. Und in seinem Inneren ist dieser Laden Bühne für die Weinkultur der gesamten Steiermark. Weit über 100 Spitzenweine werden hier fachkundig präsentiert, es gibt kommentierte Verkostungen, wobei die Degustationen sehr oft von den Weinbauern selbst geleitet werden, sowie verschiedene Seminare, darunter auch „Wein und Schokolade" oder „Käse und Wein".
Allerdings nicht mehr für Leute wie uns. Wir kamen quasi zur Sperrstunde und zudem ohne jegliche Voranmeldung, und Voranmeldungen sind für vieles, was man hier lernend erleben oder durch das Erleben lernen kann, notwendig. Aber zumindest war noch so viel Zeit, aus der Not eine Tugend zu machen und wenigstens hier ein Achtel von Neumeisters Sauvignon blanc zu trinken. Und der zählt wirklich zum Allerbesten, was diese Welt zu bieten hat.
„Habt ihr das gelesen? Hier kann man sich auch zum Steirischen Mundschenk ausbilden lassen", sagte der Fotograf, als wir wieder beim Auto waren.

„Und das geht wie? Du trinkst ein Achtel, sagst, dass dir der Wein schmeckt, zahlst drei Euro und dann bekommst du ein Zertifikat?" Der Journalist glaubte, es würde sich um eine Erinnerungsurkunde für Touristen handeln.

„Da liegst du falsch, lieber Freund, völlig falsch. Für den Mundschenk musst du drei Seminare absolvieren, die jeweils eineinhalb Tage dauern und jedes für sich alles inklusive, also mit Übernachtung und Essen und Führungen, zwischen 225 und 235 Euro kosten. Und hast du die drei Seminare hinter dir, steht immer noch eine Abschlussprüfung ins Haus."

Als wir wieder unterwegs in Richtung Norden waren, irgendwo auf halber Strecke zwischen St. Anna und Fehring, wies plötzlich ein Schild darauf hin, dass wir uns Schloss Kapfenstein näherten. Da legte der Journalist kurzerhand den zweiten Zwischenstopp auf dem Rückweg fest. „Das wird unsere nächste Station sein. Wir besuchen den Olivin, der wohnt dort."

Der Fotograf verstand nicht recht. „Wen besuchen wir?"

„Wirst schon sehen ..."

Der Schauspieler lachte. Er wusste Bescheid.

www.straden.at

Österreichisches Kabarettarchiv, 8345 Straden 4, Tel. u. Fax 03473/200 08
E-Mail: kabarettarchiv@aon.at, www.kabarettarchiv.at

Greißlerei De Merin, 8345 Straden 5, Tel. 03473/759 57, Fax 03473/759 57-4
E-Mail: office@demerin.at, www.demerin.at

kostBar, Stainz bei Straden 52, 8345 Straden, Tel. 03473/200 87, Fax 03473/200 87-22
Langgasse 17, 8490 Bad Radkersburg, Tel. 03473/200 87, Fax 03473/200 87-22
E-Mail: office@diekostbar.at, www.diekostbar.at

Weingut Neumeister, 8345 Straden 42, Tel. 03473/83 08, Fax 03473/830 84
E-Mail: weingut@neumeister.cc, www.neumeister.cc

Gesamtsteirische Vinothek
Marktstraße 6, 8354 St. Anna am Aigen, Tel. u. Fax 03158/28 01
E-Mail: wein@gesamtsteirische-vinothek.at, www.gesamtsteirische-vinothek.at

Oben ein Blick in die Gesamtsteirische Vinothek. Unten Flaschen, so weit das Auge reicht in den Kellern des Weingutes der Familie Neumeister.

Olivin, der rote (Vor-)Reiter

Der Journalist wollte den Fotografen nicht länger auf die Folter spannen. „Der Olivin", lüftete er beim Aussteigen das Geheimnis, „ist ein Zweigelt aus dem Weingut der Familie Winkler-Hermaden, die hier in der näheren Umgebung 35 Hektar bewirtschaftet. Und so ganz nebenbei gehört der Familie auch noch dieses bescheidene Schloss, vor dem wir jetzt stehen."

Der Fotograf schien noch immer nicht restlos befriedigt. „Und was hat es mit diesem Olivin so Besonderes auf sich?"

„Zum einen ist es ein wirklich sensationell guter Roter, zum anderen hat er Maßstäbe gesetzt. Er war ein Vorreiter."

„Inwiefern?"

„Insofern, als die Winkler-Hermadens mit diesem Roten schon vor vielen Jahren, ich glaube Ende der 1980er, als erste mit Nachdruck bewiesen haben, dass es in der Steiermark nicht nur großartige Weißweine, sondern auch Rote von allerhöchstem Niveau gibt. Oder zumindest geben kann."

Die Steiermark und der Rotwein, das ist so eine Sache. Geht es nach den nackten Zahlen, dann stellen die Rotweinsorten im steirischen Weinland lediglich ein Viertel der Gesamtfläche. Und davon nimmt allein die Blaue Wildbacher-Traube, die hauptsächlich in der Weststeiermark anzutreffen ist und aus der überwiegend Schilcher gekeltert wird, noch einmal die Hälfte der gut 800 Hektar Rotweinfläche in Anspruch. Was bleibt, sind also nur noch bescheidene 400 Hektar Rebenland, die für die Produktion von „echten" Rotweinen genutzt werden, in Prozenten nicht einmal 15 aller steirischen Weinberge.

Warum gerade die Südoststeiermark das Zentrum des Rotweinanbaus darstellt, liegt insofern auf der Hand, als sie die wärmste Anbauregion innerhalb des gesamten Bundeslandes ist und ein spannendes Bodenmosaik aus Sanden, Schotter, vulkanischen Verwitterungen, Ton und Schluff bietet. In der Süd- und Weststeiermark hingegen ist die Produktion wirklich hochwertiger Rotweine aus klimatischen Gründen auf die absoluten Top-Lagen beschränkt. Zweigelt oder Blauburgunder aus Rieden wie Zieregg, Hochgrassnitzberg oder Kranachberg sind die Ausnahme, wiewohl eine gleichermaßen erfreuliche wie schmackhafte.

Langsam wurde der Fotograf ungeduldig. Oder neugierig, das traf es wohl eher. „Bleiben wir jetzt eigentlich endlos auf diesem Parkplatz stehen, oder gehen wir irgendwann auch rein und kosten diesen Olivin?"

Und so betraten wir das wunderschöne Schloss, hinter dessen Mauern sich einerseits imposante Hotelzimmer verbergen, andererseits lockt ein mit einer Haube dekoriertes Restaurant.

Ein steirischer Zweigelt, der die (Wein-)Welt erobert hat: der Olivin.

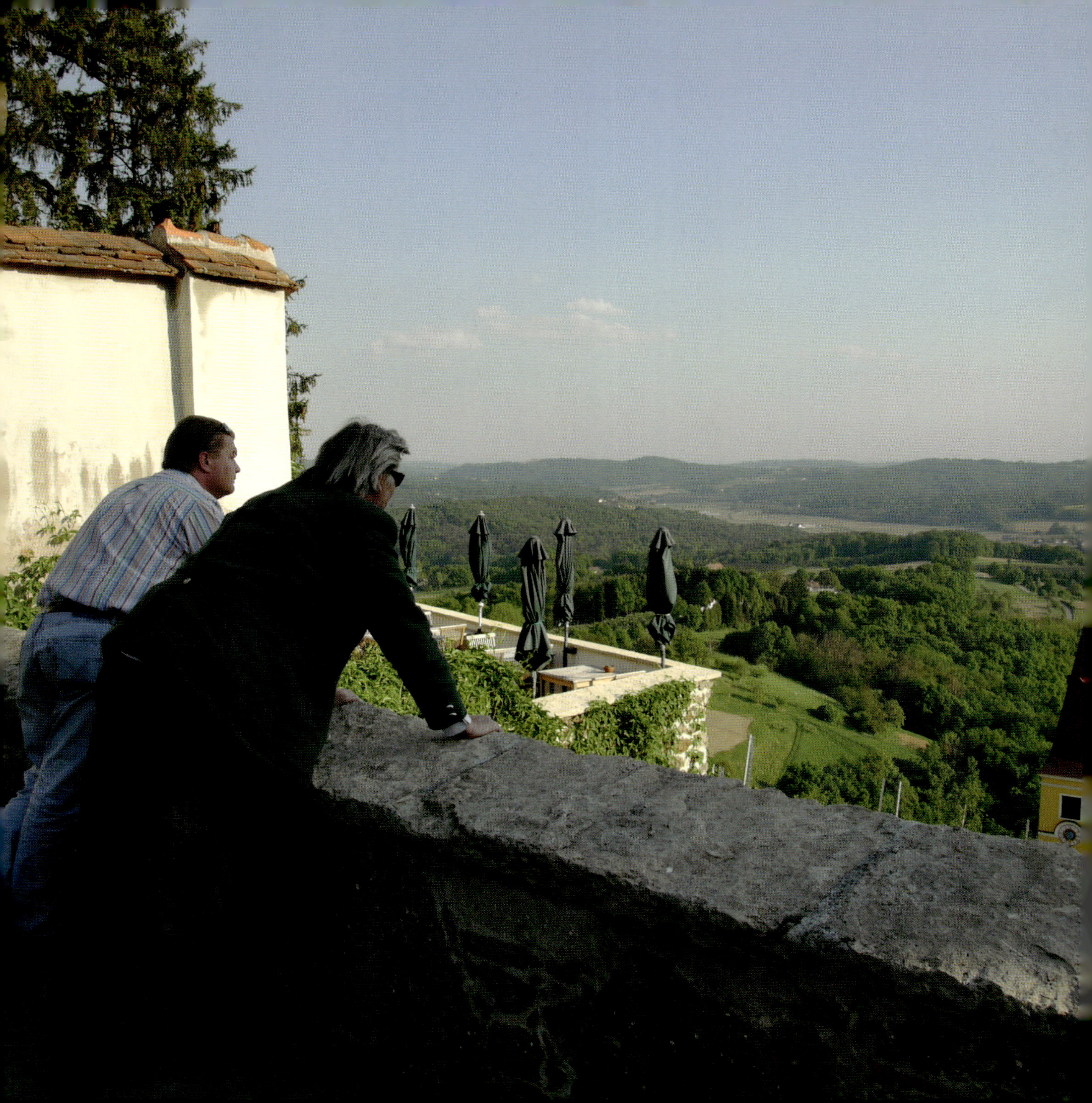

Eine freundliche Dame, bei der wir uns sogleich entschuldigten, nahm uns in Empfang. „Nein, vielen Dank, tut uns leid, essen wollen wir nichts. Und Zimmer brauchen wir auch keine. Wir sind lediglich auf der Durchreise, hätten gerne ein Glas Olivin und wenn möglich den Hausherrn oder die Hausherrin gesprochen."
Der Wunsch nach dem Wein wurde postwendend erfüllt, Chef und Chefin waren allerdings nicht im Haus. „Lassen sie beide unbekannterweise von uns grüßen und sagen Sie ihnen, wir werden mit großem Vergnügen ein andermal wiederkommen", sagte der Schauspieler.
„Da hast du wirklich nicht zu viel versprochen", schwärmte der Fotograf wenig später nach dem ersten Schluck. „Ein famoser Wein. Und kann mir jetzt auch noch einer von euch verraten, warum er ausgerechnet Olivin heißt?"
Da mussten sowohl Journalist als auch Schauspieler passen. Doch dankenswerterweise mischte sich ein Mann vom Nebentisch ein, der alleine, aber keinesfalls unglücklich wirkend vor seinem Essen saß und unser Gespräch offensichtlich mitgehört hatte. „Ich möchte nicht stören, aber da kann ich Ihnen gerne Auskunft geben."
„Sie stören keineswegs, wir sind Ihnen ganz im Gegenteil dankbar."
„Namensgeber für den Olivin", erklärte er, „war jener olivgrüne Kristall, der in den Vulkanverwitterungsböden auf dem Kapfensteiner Schlosskogel als geologische Besonderheit vorkommt. Und falls es Sie interessiert: Die Eichenfässer, in denen die besten Roten und viele ausgesuchte Weiße dieses Weinguts ausgebaut werden, werden alle aus Eichen gezimmert, die im Wald auf dem Kapfensteiner Kogel wachsen."
Rasch vertieften wir das Gespräch, und der Mann erwies sich in der Folge als ziemlicher Experte, wenn auch alles andere als vom Fach. „Ich bin ein Rechtsanwalt aus Graz, aber meine Liebe gehört dem steirischen Wein, und diese Gegend zählt zu meinen Lieblingsgegenden."
„Warum gerade die?"
„Weil ich nach Sonnenuntergang nur noch Rotwein trinke. Jeder hat so seinen Vogel, und das ist eben meiner. Und die Roten vom Winkler-Hermaden sind nicht die einzigen in diesem Gebiet, die wirklich etwas können."
„Nur zu, wir hören", sagte der Schauspieler, dem wie den beiden anderen rasch klar geworden war, dass dieser Anwalt zwar gerne plauderte, dabei aber durchaus etwas zu sagen hatte.
„Gunther Farnleitner aus Kapfenstein zum Beispiel ist einer der ganz wenigen deklarierten Rotweinbauern der gesamten Steiermark. Der kommt ursprünglich aus dem

Schloss Kapfenstein, Sitz der Familie Winkler-Hermaden. Hier findet sich ein exzellentes Restaurant, ein Hotel und nicht nur der berühmte Olivin.

Schilcherland, war früher Sommelier in erstklassigen Häusern und hat 1999 gemeinsam mit seiner Frau als Winzer begonnen. Ich glaube, rund 95 Prozent seiner bewirtschafteten Weingärten sind ausschließlich mit blauen Trauben bestockt, und er findet es absolut ärgerlich, wie wenig Beachtung dem steirischen Rotwein immer noch geschenkt wird. Und Recht hat er. Sogar die steirische Landesweinbewertung hat zuletzt unter insgesamt 17 Verkostungskategorien nur zwei oder maximal drei für Rotweine angeboten. Eigentlich ist das eine große Gemeinheit."

Wir nickten, sagten aber nichts, denn wir wollten ihn nicht bremsen. „Wissen Sie – und das sagen auch die wahren Experten –, es wird sich die Konzentration über kurz oder lang in erster Linie auf Zweigelt, Blauer Wildbacher und Pinot Noir beschrän-

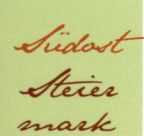

ken. Spielereien wie Merlot, Cabernet und Syrah haben auf Sicht vermutlich nur als untergeordnete Verschnittpartner in diversen Cuvées ihre Berechtigung."
Wir nickten abermals.
Schweren Herzens war der Fotograf inzwischen wieder auf Mineralwasser umgestiegen, während Journalist und Schauspieler noch ein Reise-Achtel bestellten – ein vermeintliches.
„Warum haben Sie eigentlich gar nichts gegessen?", wollte der Anwalt wissen. „Die Küche hier ist ein Gedicht."
„Wir essen seit gestern unentwegt, zuletzt am Nachmittag in einer Straußen-Buschenschank und dann beim Krispel allerfeinste Mangalitza-Schweinereien. Deswegen haben wir vor zwei Stunden sogar den Neumeister verweigert", antwortete der Schauspieler.
„Du sagst es! Zuletzt am Nachmittag. Außerdem essen wir nie, wir kosten und naschen immer nur. Und die letzte warme Mahlzeit war ein lauwarmer Leberkäs am Vormittag in Hatzendorf. Und die vorletzte das scheußliche Backhendl gestern am Abend, das wir ohnehin großteils stehen gelassen haben", protestierte der Journalist.
Schützenhilfe kam vom Fotografen. „Wo er Recht hat, hat er Recht."
Der Schauspieler gab sich geschlagen. Und dem Lächeln nach zu schließen, fiel ihm das alles andere als schwer. „Fräulein, wir hätten bitte gern die Karte."

Sitzt man auf Schloss Kapfenstein mit seinem Achtel Weiß im Gastgarten, so genießt man einen Blick ins Unendliche.

Weingut Winkler-Hermaden, Schloss Kapfenstein
8353 Kapfenstein 105, Tel. 03157/23 22, Fax 03157/23 22-4
E-Mail: weingut@winkler-hermaden.at, www.winkler-hermaden.at

Weingut Farnleitner, Neustift 60, 8353 Kapfenstein, Tel. 03157/300 01
office@weingut-farnleitner.at, www.weingut-farnleitner.at

Z'rücktrinken, Baumaufstellen und süßes Theater

Kalt und spät war es inzwischen geworden, und der Nebel hing tief, als wir schließlich nach einem herrlichen Essen und einer Kleinst-Verkostung verschiedener Roter im Restaurant auf Schloss Kapfenstein das Häuschen des Schauspielers erreichten. Wir wollten beim allerletzten Achtel des Tages den kommenden besprechen, da fiel uns im milchigen Licht der Laterne, die rechts von der Tür hing, ein großer Zettel auf der Fußmatte auf. "Morgen ab halb zehn bei mir im Garten! Hoffe, Ihr hattet es lustig heute. Gruß und gute Nacht, Ewald, der Nachbar."
"Das ändert natürlich einiges", seufzte der Schauspieler und sperrte auf. "Einen leichten Welsch zum Abschluss?"
"Z'rücktrinken also ...", schmunzelte der Journalist.
Der Fotograf legte die Stirn in Falten. "Wie bitte?"
"Z'rücktrinken. Diesen Ausdruck hat der leider viel zu früh verstorbene Wiener Maler Adi Frohner geprägt und salonfähig gemacht. Der war ein wunderbarer Gastgeber und großer Freund geselliger Runden mit schönen, schweren und meist sehr noblen Weinen. Und wenn diese Nachmittage oder Abende in seinem herrschaftlichen Hof in Niederösterreich langsam dem Ende zugingen, hat er fast immer noch ein paar Flaschen ganz leichte Weine aufgemacht und Bier auf den Tisch gestellt. ‚Jetzt trink ma uns z'ruck', hat er dann immer gesagt. Das hatte durchaus auch ökonomische Gründe, denn wenn es nach vielen Stunden des Zusammensitzens längst nur noch progressives Wirkungstrinken war und keiner mehr so wirklich mitbekommen hat, was er da eigentlich schluckt, hat es wenig Sinn gemacht, weiterhin die uralten roten Franzosen aus dem Keller zu holen. In manchen Wiener Künstlerkreisen ist der Begriff des *Z'rücktrinkens* übrigens längst in den allgemeinen Sprachgebrauch übergegangen."
"In Zukunft wird er das auch in Fotografenkreisen sein. Eine wirklich sehr hübsche Formulierung ... Und wie lange wird das Maibaum-Aufstellen beim Ewald morgen dauern?", nahm der Fotograf den ursprünglichen Faden wieder auf.
"Schon eine gewisse Zeit. Erstens ist es eine ziemliche Prozedur, bei der wir drei sicherlich mithelfen müssen, und wenn der Baum schließlich steht, muss die Sache entsprechend gefeiert werden."
"Das heißt im Klartext, das angedachte Programm können wir uns abschminken."
"Einspruch! Alles können wir uns auf keinen Fall schenken. Schließlich ist morgen

unser letzter Tag hier in der Gegend und dann geht es weiter ins Schilcherland", widersprach der Journalist und griff zu seinem Block. „Für Montag habe ich Folgendes notiert: Zotters Schokoladen-Manufaktur, den Gölles mit seinen Schnäpsen und Essigen, die Turmschinkerei in Riegersburg und die Vulkano Schinkenmanufaktur. Und dann steht da – jeweils versehen mit einem Fragezeichen – auch noch Apfelstraße, Schlösserstraße, Getreide- und Ölmühle Fehring und Römerweinstraße."
„Und ich würde Schloss Kapfenstein ganz gern bei Tageslicht fotografieren."
„Lassen wir es einfach auf uns zukommen", schlug der Schauspieler vor und sprach damit das Schlusswort. „Ich gehe jetzt schlafen."
Die beiden anderen taten es ihm gleich.
Abermals war es strahlender Sonnenschein, der uns auch am Montag begrüßte. Und ein gleichermaßen gut gelaunter wie stolzer Nachbar Ewald. Gut gelaunt, weil der Maibaum entgegen der gefürchteten Tradition nicht von Burschen aus einem Nachbarort angesägt oder gar zerstört wurde, und stolz, weil er in diesem Jahr auf seinem Grundstück stehen würde, was einer Auszeichnung gleichkam.
Wir waren überpünktlich. „Wollt ihr ein Bier?"
„Ewald, es ist kurz nach neun, und wir haben gerade erst gefrühstückt", entgegnete

Eine Tradition, an der auch im Steirischen festgehalten wird: das Maibaumaufstellen.

der Schauspieler wenig überzeugend, denn kurz danach standen wir auf der Wiese und prosteten uns zu.

„Er ist wirklich sehr schön geworden. Ein Prachtexemplar", freute sich Ewald, und wenige Minuten später hörten wir schon den Traktor herantuckern, den Maibaum im Schlepptau. Dem Brauch entsprechend war es eine Fichte, nur wenige Tage zuvor gefällt. Bis auf den Wipfel war der Stamm von sämtlichen Ästen befreit und der untere Stammteil, ungefähr ein Viertel, völlig abgeschält. Darüber waren prachtvolle Muster in die Rinde eingeschnitten – Zierringe und ein Rindenband, das sich um den oberen Teil schlängelte. Dazu kamen bunte Bänder und ein unter dem Wipfel hängender Reisigkranz.

Und dann hieß es für knapp 20 Mann anpacken. Mit langen Stangen und Feuerhaken wurde der Stamm mühsam und mit mächtig viel Muskelkraft in das vorbereitete Loch im Boden gestellt und schließlich in der richtigen Lage gehalten, während das Loch zugeschüttet wurde. Eine schweißtreibende Angelegenheit, während der Emilia aufgeregt auf dem Grundstück herumwuselte.

Unser Glück war, dass dieser 30. April ein Montag war, ein Fenstertag zwar, dennoch hatten nicht alle Helfer frei. So artete das Begießen des Aufstellens nicht in ein Gelage aus, und bald waren wir wieder auf unserer Tour.

20 Mann müssen anpacken, um den Baum in die Höhe zu bringen.

163

*Und wenn er dann endlich steht,
wird selbstverständlich feierlich
auf ihn angestoßen.*

Südost
Steier
mark

164

„Was habt ihr heute vor?", wollte Ewald wissen.
„Ganz sind wir uns noch nicht im Klaren, aber zum Zotter und zum Gölles wollen wir auf alle Fälle."
„Ihr wisst, dass die zusammenarbeiten?"
„Tun sie das?"
„Allerdings", sagte Ewald, und schon war er im Haus verschwunden.
Der Schauspieler sollte irren, als er die Vermutung äußerte, Ewald würde gleich mit irgendeiner in Schnaps getränkten Schokolade zurückkommen. Tatsächlich kam er mit einer Flasche, doch: „Das ist der Schokoladegeist vom Zotter und vom Gölles. Nicht der Likör, den gibt's auch, aber der würde euch zu süß sein. Kostet also diesen hier."
Von einem guten Geist beflügelt bestiegen wir drei halb gefüllte Stamperl später – wohlgemerkt nicht drei pro Person – den Wagen und der Fotograf fuhr los. „Zu wem zuerst?"
„Sicherheitshalber zuerst zur Schokolade. Und dann irgendwo ein Mittagessen und dann zum Essig und zum Schnaps. Umgekehrt könnte die Sache fatal enden", gab der Journalist vor.

Ewald, der Nachbar, trägt die Krüge und versorgt die Helfer mit einem Schluck Wein, während sich der Schauspieler in diesem Fall ans Bier hält.

Die süßeste Fabrik der Steiermark: die Schokoladenmanufaktur von Josef Zotter.

Südost Steiermark

„Sehr umsichtig, junger Mann", lobte der Schauspieler.

Vielleicht war es Einbildung, vielleicht auch nicht. Jedenfalls hatte jeder von uns den Eindruck, als wäre die Luft von Schokoduft erfüllt, die durch die offenen Fenster strömte, als wir Bergl erreichten, den Ort also, wo der Zotter sein Reich hat.

„Riecht ihr das?", fiel es dem Fotografen als Erstem auf. „Hier riecht's unglaublich nach Kakao." Die anderen pflichteten bei, und dann stießen wir auf Josef Zotters beeindruckende Manufaktur, die im August 2007 schließlich auch noch um ein 5.200 Quadratmeter großes Werk erweitert werden sollte – heute das Epizentrum der (österreichischen) Schokoladenwelt.

Als wir an diesem 30. April zu Gast waren, war das Werk noch im Entstehen. Ein Werk, für dessen Bau sich Zotter, wie er damals erklärte, „nicht aus Gründen der Rationalität" entschieden hat, „sondern schlicht aus Leidenschaft. Im Prinzip könnten wir die Bedarfsmengen unserer Manufaktur einfach nur ankaufen, aber ich will mehr. Ich will selbst an den Ursprung der Schokolade, an die Basis". Und dort ist Josef Zotter heute angelangt.

Und wie knackt und walzt und conchiert es im Kreativzentrum des ungekrönten Schokoladekönigs?

So: Heiß geht es her zu Beginn. Da werden die Kakaobohnen bei 130 Grad rund 35 Minuten lang geröstet, und der Kakao entwickelt sein Aroma. Dabei ist selbst die Hitze eine hausgemachte, denn im kleinen Dampfkraftwerk hinter der Manufaktur werden Kakaoschalen und Hackschnitzel verfeuert. In der Brechmaschine werden dann die frisch gerösteten, heißen Bohnen von ihren Schalen befreit und in kleine Stücke, in so genannte Kakaonibs gebrochen. Die Nibs wandern weiter in die Kakaomühle, wo sie sich in ihre physikalischen Bestandteile spalten. Die Kakaobutter tritt aus und schmilzt durch die Reibungswärme, wodurch eine flüssige Masse entsteht, die schon ganz nach Schokolade aussieht, aber noch keine ist. Eine Kugelmühle verfeinert diese Kakaomasse noch weiter.

Was folgt, ist der Mix. Und der gilt als Zotters ganz besondere Begabung. Zucker, Milchpulver und natürliche Vanille werden der Kakaomasse je nach Sorte beigemengt. Im Walzwerk pressen zwei Walzen die klumpige Kakaomasse auf die Zuckeranteile. Fünf weitere Walzen schließen den Kreislauf, bis am Ende nur noch der Hauch von Schokolade als feines Pulver übrig bleibt. Unter enormem Druck entsteht die ideale Mischung, der feine Schmelz und die Aromen. Dabei kann man von der Drehwirkung bis hin zur Stärke des Walzenspaltes die Einstellungen dieser äußerst komplexen Anlage manipulieren. Ergo ist das Walzwerk eine Spielwiese für einen Kreativen wie Josef Zotter. „Es ist eine der wichtigsten Maschinen. Hier greift

Der Chef legt Hand an, denn es gibt nichts aus dem Hause Zotter, was vorher nicht den Gaumen des Hausherren verwöhnt hätte.

Auch so kann man heiße Schokolade servieren: mit der kleinsten Doppelmayr-Sesselbahn der Welt.

kein Automatismus, hier ist der Mensch gefragt, der das komplexe System mit seinen Ideen steuert."

Das gewonnene Kakaopuder wird zu guter Letzt in der Conche veredelt – conchiert, wie es im Fachjargon heißt, ein Vorgang, den Roderich Lindt von der gleichnamigen Firma erfunden hat. Dieser einzige poetische Ausdruck im gesamten Produktionskreislauf leitet sich übrigens von der ursprünglichen Form der Conche ab, die einer Muschel – spanisch *concha* – glich. Das feine, trockene Puder wird in beheizbaren Rühranlagen, den Conchen, an die 20 Stunden lang gerührt. Durch die Wärme blühen die Aromen auf, Feuchtigkeit und störende Aromaanteile entweichen, und die Kakaobutter verflüssigt sich abermals, wodurch eine besonders feine Verteilung der Zucker- und Fettpartikel ermöglicht wird. Und dann ist sie fertig, die Schokolade, die ganz und gar ursprüngliche. Oder – wie sie bei Zotter heißt – die BASiC, die als Hülle und zum Teil auch als Fülle im gesamten Zotter'schen Sortiment auftaucht.

„Unfassbar, was der alles hat", staunte der Fotograf beim Durchblättern eines Prospekts. „Hört her: *Österreichischer Bergkäse taucht gemeinsam mit Walnüssen, Trauben und Mandeln und einem Hauch von Apfelbalsamessig in eine dunkle Milchschokolade.* Oder: *Feinbitterschokolade gefüllt mit einer Ananas-Paprikacreme, Chili, Mandeln und Honig.* Und das klingt bitte auch nicht schlecht: *Frische Bananen werden in Zucker und Curry karamellisiert. Anschließend springen die süß-aromatischen Stückchen in eine Canache aus gelber Schokolade und Mandeln. Umspült von einem Schuss Rum und umhüllt von einem nobelbitteren Schokoladenmantel.* Das muss einem erst einfallen ..."

Wer heute den Zotter besucht, betritt auch das inzwischen ebenfalls längst fertig gestellte Schokoladetheater. In dem gibt es geführte Verkostungstouren auf gläsernen Pfaden durch das Werk und so einfallsreich wie liebevoll gestaltete Spielereien wie ein dem Running Sushi nachempfundenes Running Chocolate oder die weltweit kleinste Doppelmayr-Gondelbahn, die Trinkschokolade serviert.

Also dann, Vorhang auf und Bühne frei. In unserem Fall aber für jemand anderen ...

Schokoladenmanufaktur Zotter, www.zotter.at

Apfel XA, Paradeis-Essig oder: Wo wir nicht waren

Der feste Vorsatz, uns in Sachen Schokolade vornehm zurückzuhalten, ging gründlich daneben. Ergo war auch an ein Mittagessen fürs Erste nicht im Entferntesten zu denken. „Folgender Vorschlag", sagte der Journalist beim Einsteigen. „Wir fahren jetzt zum Gölles und danach gemütlich in Richtung Weststeiermark und essen beim Jagawirt am Fuße des Reinischkogel. Im Idealfall haben sie dort auch noch freie Zimmer, und wir wachen morgen bereits in der Gegend auf, in die wir wollen."

„Glanzidee", frohlockte der Schauspieler, und der Journalist griff zum Handy.

„Freunde, das Glück ist uns hold. Ein Tisch für drei ist reserviert, und übernachten können wir auch."

Weiter ging es also zum Gölles, und dort waren wir gleich mal ob der ersten optischen Eindrücke hin und weg. Ob es nun das großzügige, in warmes Licht getauchte Gewölbe in der Schnapsbrennerei war, das als Fass- und Ballonlager für die Destillate dient, oder der Reiferaum für den Essig mit mehreren tausend Fässern. Der lag mit seiner hölzernen Fassade und trotz seiner Ecken und Kanten so in die Landschaft gegossen, als wäre er dort nicht hingebaut worden, sondern eines Tages aus freien Stücken gewachsen.

Moderne Architektur, die mit der Natur verschmilzt. Hier am Beispiel der Schnapsbrennerei und Essigmanufaktur Gölles.

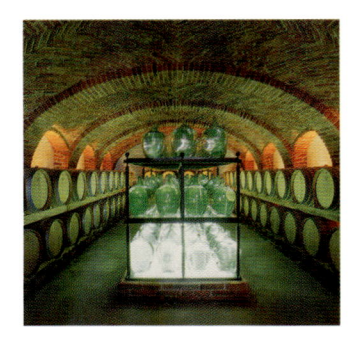

Alois Gölles ist ein äußerst kreativer Zeitgenosse. Zuletzt erfand er mit Erich Stekovics einen Paradeiser-Essig.

Seit vier Generationen bewirtschaftet die Familie Gölles rund um die Riegersburg Obstgärten, doch erst in den 1980er Jahren hat sie begonnen, sich auf Essige und Destillate zu spezialisieren. 1990 schließlich nahm sich Alois Gölles auch noch alter und schon sehr selten gewordener Obstsorten an und pflanzte tausende Kriecherl-, Hauszwetschgen, Maschansker-, Hirschbirnen- und Saubirnbäume aus. „Es wäre schade gewesen, wären diese Sorten endgültig in Vergessenheit geraten", legte Gölles seine Beweggründe dar und öffnete fast zärtlich eine Flasche von der Saubirn. „Nur einen halben Zentimeter. Maximal", flehte der Journalist.

„Mehr hättet ihr ohnehin nicht bekommen, denn ihr werdet andere auch noch kosten müssen." Das empfanden wir nicht als Drohung, sondern vielmehr als Versprechen. Um Gölles' Produktpalette zu beschreiben, bräuchte es, wie im Falle der Zotter'schen Schokoladen, in Wahrheit Bände. Daher seien an dieser Stelle eine echte Neuigkeit und eine dem Kunden erstmals zugänglich gemachte Raritätensammlung hervorgehoben.

Relativ jung war zum Zeitpunkt unserer Visite die Zusammenarbeit des Alois Gölles mit dem burgenländischen Paradeiser-Kaiser Erich Stekovics, der in seinen weitläufigen Gärten im Seewinkel nicht weniger als 1.200 verschiedene Sorten zieht, ausnahmslos von Hand erntet und das ausschließlich in den frühen Morgenstunden. „Und diese 1.200 Sorten sind die Grundlage für unseren Essig. Ich keltere aus ihnen einen Paradeiserwein, und den vergäre ich zu einem Essig, der mit nur fünf Prozent Säure sehr mild ist."

Riech- wie auch Kostprobe animierten (oder reaktivierten) unsere Gaumen in Sekundenschnelle. Die (grandiose) Schokolade war vergessen, es war wieder an Essen zu denken. An „normales" Essen. „Stellt euch irgendeinen Meeresfisch vor. Gebraten und nur mit ein paar Spritzern von diesem Essig. Das müsste wundervoll harmonieren", phantasierte der Schauspieler lustvoll.

Weit weniger an Meeresfisch dachten wir dann beim Bestaunen der Flaschen aus der limitierten Linie XA – aus der Linie extra alt, der privaten Reserve und Raritäten-Sammlung des Alois Gölles. „20 Jahre nach der Premiere unseres Balsam-Apfelessigs haben wir diese Serie erstmalig vorgestellt, in der es eben einen extra alten Balsamessig gibt und dazu noch extralang gereifte Brände", verriet der Hausherr nicht ohne Stolz.

Vom Essig, der über zwei Jahrzehnte in so genannten „Batterias" aus jeweils sieben verschieden großen Fässern – Eschenholz, Akazie, Eiche und Kirsche – ausgebaut wurde, waren bei der Präsentation gerade einmal 945 Flakons zu je 0,1 Liter verfügbar. Nicht sehr viel anders verhielt es sich mit den Schnäpsen. Im Dezember 2007, zum Zeitpunkt, da dieses Kapitel geschrieben wurde, gab es auf telefonische Anfrage vom alten holzfassgereiften Apfel aus dem Jahre 1985 lediglich noch 112 Flaschen, allerdings zu je 0,7 Liter, darüber hinaus auch noch Alter Apfel '89, Alte Zwetschge '89, Herzkirsche 1992, Brombeere 1991, Holler 1991 und Vogelbeere '91 in den Regalen.

Gölles Schnapsbrennerei & Essigmanufaktur, Strang 52, 8333 Riegersburg
Tel. 03153/75 55, Fax 03153/75 55-30, E-Mail: obst@goelles.at, www.goelles.at

Erich Stekovics, Schäferhof 13, 7132 Frauenkirchen, Tel. 0699/12 18 47 77
Fax 02172/29 32, E-Mail: office@stekovics.at, www.stekovics.at

Ganz ohne irgendetwas einzukaufen, schafften wir den Abgang freilich auch diesmal nicht, und so hatte Emilia endgültig kaum noch Platz in ihrem Kofferraum, als es auf direktem Weg in Richtung Westen hätte gehen sollen. Schließlich stapelten sich inzwischen drei Kartons mit je sechs Flaschen Olivin, drei Kartons mit diversen Weißen vom Krispel, einige Traminer vom Frühwirth und nun auch noch ein bisschen Schnaps und ein buntes Essig-Potpourri im Reise-Abteil unseres vierbeinigen Begleiters. „Wir sollten zurückfahren, aus- und in die anderen Autos umladen", meinte der Fotograf. „Außerdem sollten wir auch unsere Zahnbürsten und unser G'wand holen, nachdem wir heute schon zum Schilcher weiterfahren."

Wertvolle Zeit ging verloren. Wertvolle Zeit, in der wir noch allerhand hätten „mitnehmen" können aus der Südoststeiermark, aber man kann nicht überall sein. Leider. Zumal es sich mit der Südoststeiermark nicht anders verhält als mit der Südsteiermark – sie ist ebenfalls eine unendliche Geschichte.

So sei also auch an dieser Stelle zusammengefasst, wo wir überall nicht waren:

Wir waren nicht in der Turmschinkerei in Riegersburg. Dort stellt Gottfried Franz Fink im Turm beim Steinkellertor nach dem Rezept des friulanischen Adelsgeschlechts Conti Formentini einen Schinken her, der – so sagt man – keinen Vergleich mit dem italienischen Prosciutto zu scheuen braucht. Kosten und kaufen kann man diese und andere Köstlichkeiten direkt in Finks Vinothek am Fuße der Burg.

Vinothek & Turmschinkerei Gottfried Franz Fink jun.
8333 Riegersburg 27, Tel. 03153/82 16-403, 0664/918 88 98
E-Mail: office@turmschinken.at, www.turmschinken.at

Wir waren nicht in der Vulcano-Fleischwarenmanufaktur nahe Auersbach, wo Franz Habel, der Chef, seinen luftgetrockneten und bis zu 15 Monate gereiften Schinken nach Vorbild des spanischen Serrano produziert. Die Firma „Vulcano" steht freilich

Wo der Essig reift und der Schnaps gelagert wird.

nicht ausschließlich für Schinken, so genießt beispielsweise die Kürbiskernwurst einen ganz außergewöhnlich guten Ruf. Und auch hier kann man selbstverständlich vor Ort kosten und kaufen.

Vulcano Fleischwarenmanufactur, Auersbach 26, 8330 Feldbach
Tel. 03114/21 51, Fax 03114/215 121, www.vulcano.at

Wir waren nicht auf der Schlösserstraße. Zumindest nicht „vorsätzlich" und nicht nach Plan. Wir waren lediglich in Bad Radkersburg und auf Schloss Kapfenstein, und dort – zugegeben – einzig des Olivin wegen. Insgesamt gibt es aber weitere 16 Schlösser und Burgen zwischen Deutschlandsberg im Westen und Burg Lockenhaus im Osten, die sich zum Verein „Die Schlösserstraße – Verband für regionale Entwicklung" zusammengetan haben. Zweck des Verbandes ist die verstärkte Darstellung der Region als Träger historischer Stätten, der Ortsbilder, der Traditionspflege und des Brauchtums sowie der künstlerisch-kulturellen Leistungen der Vergangenheit, Gegenwart und Zukunft. Jedes Mitglied gestaltet und entwickelt sein eigenes, historisch gewachsenes Nutzungskonzept, wodurch sich eine breite Palette völlig unterschiedlicher touristisch-kultureller Angebote ergibt. Das Angebot der Schlösserstraße wird ergänzt durch Partnerschaften mit etwa 100 Betrieben der Region aus den Bereichen Gesundheit und Kultur und nicht zuletzt aus dem Gebiet der Kulinarik.

Die Schlösserstrasse, 8223 Stubenberg/See 1, Tel. 03176/200 50, Fax 03176/200 60
E-Mail: info@schloesserstrasse.com, www.schloesserstrasse.com

Wir waren nicht in der Mostothek im Dorfhof in Markt Hartmannsdorf. Dort befindet sich das Präsentationszentrum des „Vereins der Freunde der steirischen Most- und Fruchtsaftkultur", wo in der abgelaufenen Saison 2007 nicht weniger als 16 Betriebe ihre Produkte permanent zum Genießen bereitstellten. Geführte Verkostungen mit einer eingeschlossenen Betriebsbesichtigung werden ebenfalls angeboten.

Mostothek Dorfhof Markt Hartmannsdorf, www.mostothek.at

Wir waren nicht im Apfeldorf Puch, dem Zentrum der Steirischen Apfelstraße, nach der ebenfalls ein Verein benannt ist, den 1985 rund 40 Obstbauern gegründet haben, und die vor allem zur Blütezeit im Frühling ein wahres Fest fürs Auge ist, wenn rund 300.000 Bäume den Landstrich nahezu zur Gänze weiß-rosa verfärben. Die Apfelstraße beginnt nördlich von Gleisdorf an der Wechselbundesstraße und erstreckt sich über 25 Kilometer und fünf Gemeinden.

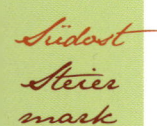

Braucht keinen Vergleich mit dem italienischen Prosciutto zu scheuen: der „Turmschinken" von Gottfried Franz Fink in Riegersburg.

Das Apfeldorf Puch nahe der Römerweinstraße: Zur Blütezeit verwandelt sich der ganze Landstrich in eine weiß-rosa Wolke.

Apropos Gleisdorf: Dort hat auch die Römerweinstraße ihren Ausgangspunkt, die über Hartberg bis Bad Waltersdorf führt und die wir auf unserer Reise sträflich vernachlässigt haben. „Eigentlich schändlich, denn dort gibt es einige Buschenschanken, die ich euch unbedingt hätte zeigen sollen", sagte der Schauspieler, als wir im Dezember vor dem Laptop saßen und diese Zeilen tippten ...
„Also ich bin 2008 noch nicht zur Gänze ausgebucht ...", sagte der Journalist.
Der Schauspieler grinste.

Steirische Apfelstraße und Apfeldorf Puch, www.apfeldorf-puch.at
Steirisches Weinland, Römerweinstraße,
www.weinland-steiermark.at/Die-Roemerweinstrasse

In der Weststeiermark

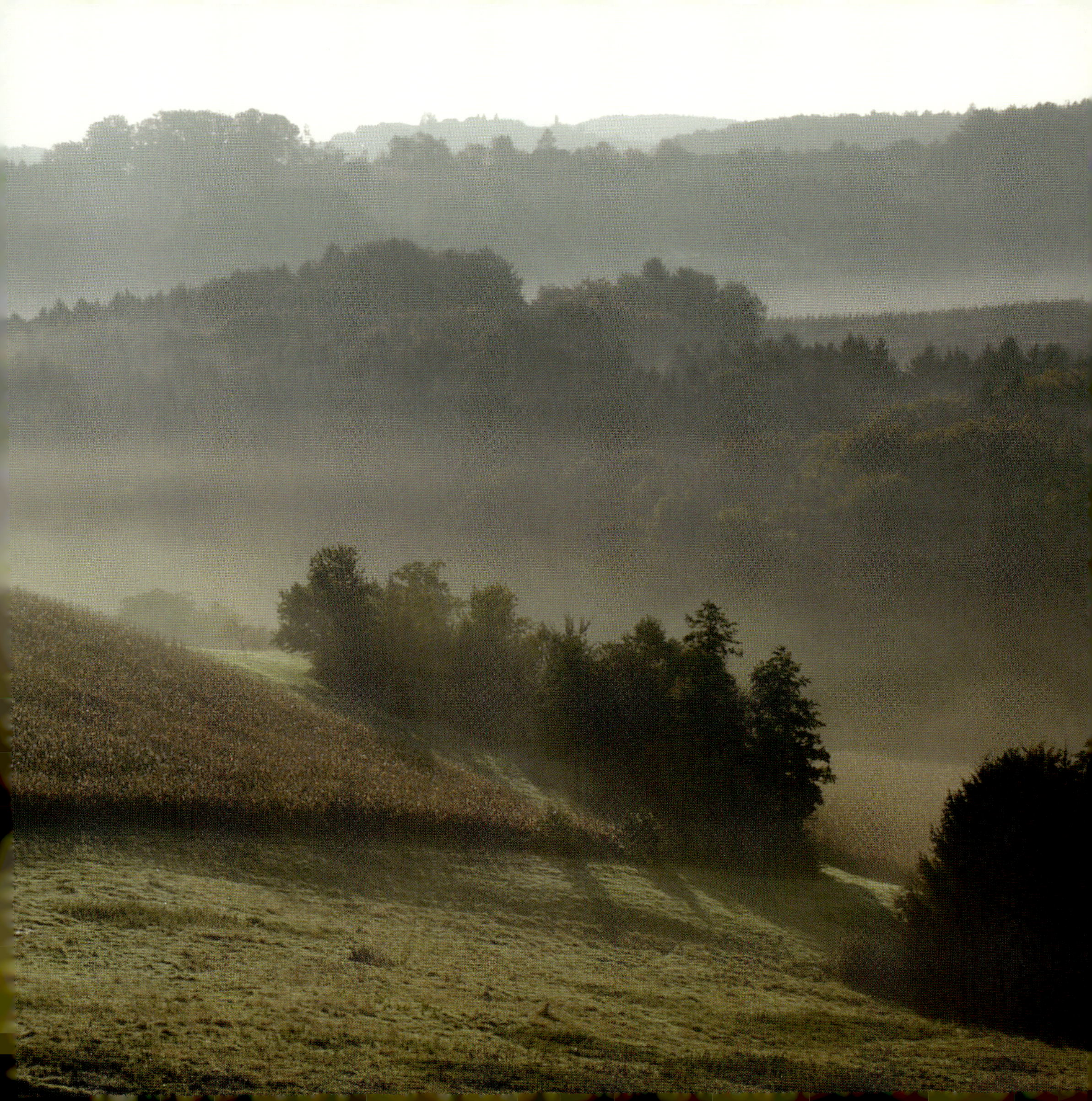

Das Idyll von Sommereben

Nach unserem Besuch beim Gölles und voll der Vorfreude auf den Jagawirt, waren wir nun wieder beim Häuschen des Schauspielers in Ziegenberg, packten unsere Ranzen, setzten uns danach an den Tisch unter dem großen Baum und besprachen bei einem Espresso, wie wir uns der Schilcher-Weinstraße nähern sollten. Die beginnt im Norden in der Gemeinde Ligist gleich bei der Autobahnabfahrt Steinberg und zieht sich schnurgerade über Stainz, Deutschlandsberg und Schwanberg bis hinunter nach Eibiswald nahe der Grenze zu Slowenien.

„Bei diesem traumhaften Wetter", meinte der Schauspieler, „wär's am schönsten, wir führen über Feldbach und dann parallel zur Klöcher Weinstraße runter fast bis Radkersburg, weiter entlang der Grenze und der Mur in Richtung Westen nach Mureck und in weiterer Folge über die Südsteirische Weinstraße bis Leutschach. Von dort ist es über Arnfels nur noch ein Katzensprung bis Eibiswald, und wir könnten das Schilcherland von unten nach oben erkunden".

Der Journalist griff zur Karte und warf einen Blick drauf. „Diese Route klingt grundsätzlich reizvoll, aber der Jagawirt liegt ziemlich im Norden. Also schlage ich den direkten und kürzesten Weg vor: Gleich hier bei Ilz oder Sinablkirchen rauf auf die Autobahn, an Graz vorbei bis Steinberg, weiter zum Jagawirt und von dort aus morgen auf der Schilcherstraße von oben nach unten. Und übermorgen fahren wir deine Strecke in entgegengesetzter Richtung zurück, holen die anderen Autos und trinken bei dir im Garten das Abschiedsachtel, bevor wieder jeder seiner Wege geht."

Somit stand es unentschieden, und der Fotograf sprach das Machtwort: „Wir nehmen den direkten Weg. Ich sterbe vor Hunger."

Pauli saß mitten auf dem Parkplatz. Erwartungsvoll geradezu.

Jagawirt-Haushund Pauli, ein Tier von ebenso sonnigem Gemüt wie des Schauspielers Emilia.

Als hätte ihm jemand geflüstert, dass Emilia demnächst kommen würde. Als die schließlich aus dem geparkten Wagen sprang, verhielt sich der Hund des Hauses, wie es sich für einen Hund des Hauses gehört. Er kehrte den perfekten Gastgeber hervor, nahm den griechischen Mischling wie eine langjährige Freundin in Empfang, tollte ein wenig mit ihm herum, und schon waren die beiden irgendwo auf den Wiesen und in den Wäldern rund um das mit viel Liebe restaurierte alte Haus, das schon im 18. Jahrhundert ein Wirthaus war, verschwunden. Vermutlich zeigte Pauli dem Neuankömmling die verschiedenen Gehege, stellte ihm die Schweine, die Pferde und die Schafe vor, oder die beiden ärgerten einfach nur die frei herumlaufenden Graugänse.

Das Wirtshaus Jagawirt in Sommereben 2 liegt zwar direkt an der Straße, die hinauf

Der Jagawirt am Fuße des Reinischkogels – idealer Ausgangspunkt für herrliche Wanderungen oder einfach ein Ort, von dem man sich kaum wegbewegt. Wenn's sein muss, auch ein paar Tage nicht.

auf den 1.464 Meter hohen Reinischkogel führt, ist aber doch ein verwunschenes Idyll, so märchenhaft schön, als wäre es frei erfunden und direkt einem Bilderbuch entsprungen. Auch war es nach wie vor wunderbar warm, und die Zimmer mussten sich gedulden, ehe sie von uns bezogen wurden. Denn kaum waren wir angekommen, saßen wir auch schon im herrlichen Gastgarten beim Begrüßungs-Schilchersekt, serviert von Maria Goach, der Chefin persönlich. „Und was wollt ihr essen?"
„Was gibt's denn?"
„Ich bring euch gleich die Karte."
Einen weiteren Schilchersekt später waren wir noch immer nicht schlau. Mehr noch, wir waren ratlos. Lamm in irgendeiner Form? Die angepriesene Schulter oder doch eher die Koteletts? Oder den Braten vom hier gezüchteten Waldschwein, das hinten im Dunkel zwischen den hohen Bäumen in seinem riesigen Revier haust? Geröstete Schweinsnierndln vielleicht? Oder doch ein schlichtes Backhuhn? „Chefin, wir sind verzweifelt", stöhnte der Schauspieler.
„Ich sag euch, wie wir tun. Ihr bekommt von allem ein bisserl was."
Wir aßen uns, begleitet erst von einem Welsch und dann von einem Zweigelt, in den frühen Abend hinein. Die Zeit schien abgeschafft, die Erde still zu stehen, und jeder Gang für sich war aufs Neue ein Festtag für den Gaumen. Bloß wurde es inzwischen

schön langsam ein klein wenig frisch, also übersiedelten wir nach dem vorerst letzten Bissen – vorerst, denn Käse sollte noch folgen – in den Schankraum, wo der Chef mit drei Einheimischen am Stammtisch saß. „Ein Schnapserl, nehm' ich an, oder?" Und noch bevor wir auf diese rein rhetorische Frage antworten konnten, stand Werner Goach schon mit ein paar Flaschen in der Hand an unserem Tisch. „Birne? Oder Apfel? Oder Zwetschge? Oder ganz was anderes? Alles aus unserer eigenen Brennerei."

Irgendwie dürfte beim Jagawirt überhaupt alles aus der eigenen „Werkstatt" kommen, sogar viele Möbelstücke. Bloß die Weine nicht, die stammen von den besten steirischen und einigen anderen österreichischen Top-Winzern. „Habt ihr euch unsere Hügelbeete angeschaut, die wir vor ein paar Jahren angelegt haben?"

„Was für Beete?"

„Hügelbeete. Oder auch Hochbeete genannt. Hinten im Natur-Erlebnis-Garten. Wie aufgeschüttete Inseln auf der Wiese schauen die aus."

„So weit sind wir noch nicht gekommen", gestand der Fotograf. „Wir haben noch nicht mal unser Gepäck aus dem Auto geholt."

„Solche Hügelbeete haben zahlreiche Vorteile. Einer davon", dozierte der offensichtlich begeisterte Hausherr, „ist der, dass man nicht auf Monokultur-Basis, sondern in Form von Mischkulturen anbaut. Das heißt, dass auf einem Hochbeet bis zu zwölf verschiedene Gemüsesorten wachsen. Außerdem muss man bei Hügelbeeten nicht düngen, und Schädlingsbefall gibt es auch keinen. So spart man sich jegliche Spritzmittel. Alles, was ihr heute gegessen habt, stammt aus unseren Gärten."

„Und Wäldern", warf der Schauspieler ein. „Das Waldschwein war sagenhaft."

„Weil es zu hundert Prozent artgerecht gehalten wird. Die Waldschweine genauso wie unsere normalen Hausschweine. Das ist das ganze Geheimnis. Simpel, aber zielführend."

Wenig später war unser Dreiertisch mit dem Stammtisch verschmolzen. Und während Pauli und Emilia im Vorraum bei der Rezeption lagen und tief und fest schliefen, begannen die Dinge hier in der Schank ihren Lauf erst zu nehmen. Die Runde war auf zwölf lustige und lautstarke Leute angewachsen, jeder plauderte mit jedem, das Auto war noch immer nicht ausgeräumt, und der Wirt hatte beschlossen, eine improvisierte und völlig zwanglose Weinverkostung zu veranstalten. Soll heißen, er machte einfach eine Flasche nach der anderen auf und sagte stets dazu, worum es sich handelte. Dazu gab es Käse.

Bekannt ist der Jagawirt vor allem für seine kulinarischen Schweinereien.

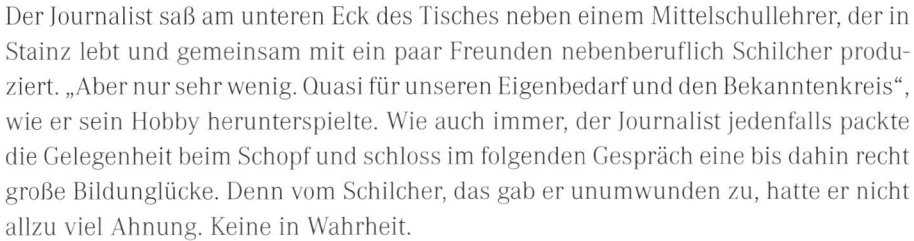

Der Journalist saß am unteren Eck des Tisches neben einem Mittelschullehrer, der in Stainz lebt und gemeinsam mit ein paar Freunden nebenberuflich Schilcher produziert. „Aber nur sehr wenig. Quasi für unseren Eigenbedarf und den Bekanntenkreis", wie er sein Hobby herunterspielte. Wie auch immer, der Journalist jedenfalls packte die Gelegenheit beim Schopf und schloss im folgenden Gespräch eine bis dahin recht große Bildunglücke. Denn vom Schilcher, das gab er unumwunden zu, hatte er nicht allzu viel Ahnung. Keine in Wahrheit.

Gasthaus Jagawirt Werner Goach, Sommereben 2, 8511 St. Stefan ob Stainz
Tel. 03143/81 05, E-Mail: goach@jagawirt.at, www.jagawirt.at

Steirisches Weinblattl/Steirische Weingasthöfe
Erzherzog-Johann-Straße 3, 8510 Stainz, Tel. 03463/45 18, Fax 03463/45 18-4
E-Mail: kontakt@weinblattl.at, www.weinblattl.at

Der Schauspieler in Pose und – wie die Anstecknadel am Revers beweist – in seiner Rolle als überzeugter Steirer.

Nachhilfe in Sachen Schilcher

„Maria, der junge Mann und ich bräuchten zwischendurch bitte zwei Gläser Schilcher, denn ich hab' hier ein bisserl Nachhilfe zu geben und Aufbauarbeit zu leisten", rief der Lehrer, der Manfred hieß, der Wirtin zu, die hinter der Schank stand. Und dann wandte er sich wieder dem Journalisten zu. „Wo fangen wir an?"

„Am besten von vorn. Und danke für den jungen Mann."

„Du weißt, wie die Traube heißt, aus der der Schilcher gekeltert wird?"

„Wenn ich jetzt Schilchertraube sag', dann flieg' ich vermutlich hochkant durch."

„Allerdings. Blauer Wildbacher wäre korrekt. Das ist eine Rebsorte, die eigentlich sehr elegante und dichte Rotweine hervorbringt, die sich hervorragend für einen Ausbau im Holzfass eignen. Was inzwischen zum Glück auch wieder öfter passiert. Ausschlaggebend ist, dass man diesem Wein genügend Zeit zum Reifen lässt. Wahre Größe erreicht er erst nach drei bis fünf Jahren. So lange sollte man ihn also lagern, ehe man ihn in den Handel bringt. Typisch sind auch die Trauben. Die sind ziemlich kleinbeerig und sehr dickschalig, ähnlich den italienischen Nebbiolo-

Für den kleinen Hunger zwischendurch ...

Trauben, aber der Schilcher wird sicherlich ewig die Nummer eins hier bei uns bleiben."

„Warum?"

„Vermutlich auch aus Tradition. Dokumentarisch erwähnt wurde der Schilcher erstmals 1580 in einem Weinbuch, und auch in den folgenden Jahrhunderten wurde der Schilcher regelmäßig in Kunstwerken oder Schriftstücken in irgendeiner Form beschrieben. Ganz bekannt ist beispielsweise eine um 1844 entstandene Radierung von Moritz von Schwind über den Schilcher als Aphrodisiakum."

„Ist er das denn?"

„Man sagt es ihm nach … Sehr verdient um den Blauen Wildbacher hat sich übrigens

Der Blaue Wildbacher – die Traube, aus der der Schilcher gewonnen wird und an der man in der Weststeiermark nicht vorbeikommt.

Die Weststeiermark rund um Stainz.

auch ein gewisser Professor Fritz Zweigelt gemacht, nach dem auch die Kreuzung aus St. Laurent und Blaufränkisch benannt ist. Einerseits ließ er den Blauen Wildbacher in bis zu 40 verschiedene Typen von Ligist bis Eibiswald einteilen, andererseits wollte er gegen die mindere Qualität der Direktträger, der so genannten Hybridweine, ankämpfen. Die waren seit der Reblausproblematik, die um 1880 erstmals in dieser Gegend aufgetreten ist, sehr stark verbreitet. Und so kam 1936 ein Weinbaugesetz, das die ausnahmslose Rodung der Direktträgerweingärten bis 1946 vorschrieb. Der Blaue Wildbacher hatte zwar nie etwas mit der Direktträgerrebe gemein, wurde aber oft mit dem Hybridwein verwechselt. Bis heute übrigens. Das hat ihm auch die wenig schmeichelhaften Spitznamen *Rabiatperle* und *Heckenklescher* eingebracht."

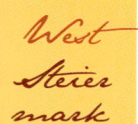

Die Chefin kam mit den zwei Gläsern. „Zum Wohl die Herren."
„Zum Wohl."
„Zum Wohl."
Der Journalist roch und nippte. „Und?", fragte der Lehrer.
„Interessant. Knochentrocken und mit einer unglaubliche Säure. Hält die der Magen aus?"
„Wenn man es nicht übertreibt oder nicht überempfindlich ist, dann problemlos. Es gibt ihn aber auch halbtrocken und sogar edelsüß vinifiziert. Willst du den kosten?"
„Nein, nein, das passt schon. Nur ein bisserl gewöhnungsbedürftig." Der Journalist nahm einen zweiten Schluck. „Wird schon ... Und woher kommt nun der wirkliche Name dieser Rabiatperle?"
„Vom wechselnden Farbenspiel zwischen Blassrosa und dunklem Rot. *Schillern* und *Schilchen* sind die mittelhochdeutschen Worte für diese recht bizarre Farbkomposition. Erinnert irgendwie auch an rote Zwiebel, oder?"
„Allerdings. Und wie kommt es zu dieser Farbe?"
„Die ist das Ergebnis der extrem schnellen Verarbeitung. Wie bei einem Weißwein werden die dunkelblauen, zum Teil schwarzen Trauben mit dem hellen Fruchtfleisch nach der Lese ganz zügig gerebelt, gleich eingepresst und gekeltert."
Der Schilcher ist unterdessen längst gesetzlich geschützt. Als Schilcher, Schilchersekt oder Schilchergrappa dürfen daher nur Weine oder Brände deklariert und verkauft werden, die zu 100 Prozent aus der Blauen Wildbacherrebe gekeltert werden und ausschließlich in der Steiermark gewachsen sind, wobei diese Rebe in der Weststeiermark flächenmäßig am stärksten vertreten ist. Die rund 480 Hektar Rebflächen im Raum Deutschlandsberg beispielsweise sind nach wie vor mit nahezu 90 Prozent Blauer Wildbacher bestockt, in der Steiermark-Statistik liegt die Sorte mit 14 Prozent Anteil von rund 4.000 Hektar Gesamtfläche hinter dem Welschriesling mit 20 Prozent an zweiter Stelle.
Im Schankraum stand ein altes Kastl voll mit Büchern über Wein, das der Lehrer plötzlich ansteuerte. Er schaute ein bisschen, schien schließlich gefunden zu haben, wonach er suchte und kam mit einem Buch über steirische Weine an den Tisch zurück. „Ich will dir etwas zeigen", sagte er und blätterte. „Da, hier hab ich's. Das hat der Pater Laurentius im 17. Jahrhundert in seinem Weinregister über den Schilcher geschrieben. Lies." Und dann reichte er dem Journalisten das Buch.

Adio, lasst uns trinken! Dieser Wein galant, storkh und gesundt hat uns wol conducirt, moderate getrunkhen hat bevor ein Monat gewert, adio bon vin.

Steiermarkweit als Knabbergebäck gefragt – geröstete Kürbiskerne.

Der Schauspieler am anderen Ende des Tisches war neugierig geworden. „Worüber unterhaltet ihr beide euch so angeregt?"
„Über ein zwiebelfarbenes Aphrodisiakum", sagte der Journalist.
„Ah, ihr redet über Schilcher."
„Wieso weißt du das?"
„Lebenserfahrung, mein Freund. Lebenserfahrung. Ich hab' dir immerhin 20 Jahre voraus."

Verein Klassischer Schilcher
Vinothek im Schilcher-Stöck'l, 8510 Rassach 25, Tel. u. Fax 03463/43 33
E-Mail: schilcherstoeckl@utanet.at, www.klassischerschilcher.at

Verein für Schilcherland-Spezialitäten, Schulgasse 28, 8530 Deutschlandsberg
Tel. 03462/2264-4262, Fax 03462/2264-4263, www.schilcherland.at

Tourismusverband Schilcherheimat
Hauptplatz 34, 8530 Deutschlandsberg, Tel. 03462/75 20, Fax 03462/75 55
E-Mail: tourismus@schilcherheimat.at, www.schilcherheimat.at

Der geschwänzte 1. Mai, Ligist, Hindernisse und die Ölspur

Irgendwann haben wir unsere Zimmer dann doch noch bezogen. Wann genau, das wusste allerdings keiner mehr so wirklich, als wir an diesem Dienstag am späteren Vormittag bei Würsten vom Lamm und Schinken vom Schwein und bei einer herrlichen Kernöl-Eierspeis saßen. Im Freien versteht sich, denn wir hatten den blauen Himmel gepachtet.

„Was haltet ihr davon, diesen Tag einfach zu schwänzen?", schlug der Journalist vor, als er mit einem Kernöl-Eierspeis-Nachschlag vom nach wie vor nicht abgeräumten Frühstücksbuffet in Richtung Tisch zurückschlenderte. „Immerhin ist heute der 1. Mai, sprich Staatsfeiertag. Verschieben wir also einfach alles auf morgen, wenn auch die ganzen Feiertags-Ausflügler wieder brav an der Arbeit sind."

Der Fotograf fand die Idee äußerst reizvoll. „Das klingt sehr fein, aber was machen wir stattdessen?"

„In der Sonne sitzen, spazieren gehen, den Schweinen beim Wohlfühlen zuschauen, essen, trinken und plaudern und darüber nachdenken, *was* wir alles auf morgen verschieben. Und zwischendurch irgendwann vielleicht die eine oder andere ganz kleine Ausfahrt. Oder auch nicht."

„Ich bin dabei", sagte der Schauspieler und räkelte sich genüsslich in der Vormittagssonne.

„Guten Morgen, die Herren."

„Guten Morgen, Herr Wirt."

„Frisch und munter?"

„Frisch und munter! Aber andererseits auch wieder von einer herrlichen Trägheit befallen. Wär's recht, wenn wir euch bis morgen zur Last fallen?"

„Ich frage die Maria, ob eure Zimmer reserviert sind. Wenn nicht, dann natürlich sehr gerne." Und weg war er.

Zurück kam er mit froher Botschaft, schenkte sich einen Kaffee ein, uns frischen nach, setzte sich dazu und senkte die Stimme, sodass der Tonfall etwas leicht Geheimnisvolles hatte. „Die Frau hat gesagt, ihr arbeitet an einem Buch. Was wird denn das für eines?"

„Eines, in dem ihr vorkommen werdet", antwortete der Journalist. „Vorausgesetzt, Sie helfen uns ein bisserl."

„Wenn ich kann."

„Sie können. Sie müssen nur ein bisserl mit uns reden."

„Gerne. Worüber?"

„Über Dinge, die man in der Weststeiermark erlebt oder gesehen haben soll."

„Mit Vergnügen, aber jetzt hab' ich noch etwas zu tun. Wär's euch am frühen Nachmittag recht?"

„Wir freuen uns."

Dann stiefelte der Wirt in Begleitung der beiden Hunde zu den Schweinen, der Fotograf entschloss sich zu einer kleinen Wanderung, der Schauspieler zu einem vorgezogenen Mittagsschlaf im Liegestuhl, und der Journalist bat um den Autoschlüssel. „Ich mach', wenn's recht ist, eine Spritztour."

Gemächlich kutschierte er Richtung Norden, und bald hatte er Ligist erreicht. Ein beschauliches Örtchen, eingebettet in einen Kessel und mit einem charmanten Marktplatz, dessen Boden mit verschiedenfarbigen Steinen gepflastert ist. Angeblich kann man darin Teile des Ortsplanes erkennen, Einheimische zumindest, und wenn nicht, dann ist es trotzdem ein reizvoller Anblick. Unübersehbar jedenfalls thront über alledem die – und das ist kein Widerspruch in sich – sehr gepflegte Burgruine, deren Innenhof für kulturelle Veranstaltungen adaptiert wurde. Und rund um die Ruine verläuft der Vogelstimmenweg, ein kurzer Erlebnispfad, auf dem auf Knopfdruck von A wie Amsel bis Z wie Zaunkönig 15 verschiedene und in der Gegend beheimatete Singvögel zu tirilieren beginnen.

Im Schloss wiederum befindet sich ein Heimatmuseum und an der Ostseite des Talkessels, auf dem Dietenberg, eine frei gelegte Keltensiedlung. Auf halber Höhe und unweit des Gasthauses Schilcherhof wurde 1987 zudem ein Keltenhaus nachgebaut, in dem sich heute ein kleines Museum befindet.

Und nahezu überall Buschenschanken. „Zum Glück noch nicht offen", dachte der Journalist halblaut vor sich hin, nicht wissend, dass er in einigen Fällen irrte, und überlegte einen kurzen Abstecher weiter nach Norden nach Piber bei Köflach, wo die Lipizzaner zuhause sind. Diesen Gedanken verwarf er aber ebenso wie den an eine

In Werner Goachs Wirtsstube kann man nicht nur vorzüglich speisen ...

Fahrt nach Bärnbach zur berühmten Friedensreich-Hundertwasser-Kirche oder ins Glasbläsermuseum. Stattdessen fuhr er zurück.

Es war ein Rückweg mit Hindernissen, wenngleich mit solchen, über die man gerne stolpert. Das erste Hindernis war ein Buschenschank, das zweite ein Wirtshaus, an dem es kein Vorbeikommen gab. Und eben weil sie ihm schon von außen so sympathisch erschienen, stattete der Journalist beiden Betrieben einen Kurzbesuch ab und war nach den jeweiligen Visiten überzeugt, dass es durchaus sinnvoll wäre, wenn man hier auch einmal länger verweilte als bloß zehn Minuten. In seinem Notizbuch las sich das so:

Ein weststeirischer Sonnenaufgang als einer der vielen Höhepunkte, wenn man dem Genuss auf der Spur ist.

Und noch einmal Jagawirt-Haushund Pauli, der mitunter auch ein Auge auf die Schweine wirft.

Buschenschank Lazarus: Unfassbarer Ausblick, ziemlich großer Betrieb, trotzdem recht urig. Tolles Weinsortiment, Weißburgunder super! Gästezimmer, großer Spielplatz.
Gasthaus Jochum – „Fuchswirt": altes Winzerhaus, idyllisch, viel Holz, ebenfalls Gästezimmer, eigener Wein (nicht nur Schilcher!), eigener Schnaps, eigene Vinothek, schöne, ruhige Lage, vertrauenerweckende Speisekarte, großer alter Apfelbaum im Garten. Unbedingt reservieren!

Als der Journalist wieder beim Jagawirt eintrudelte, saßen Schauspieler und Fotograf in aller Ruhe im Wirtsgarten. Und zwar, wie er vermutet hatte, bei einem Glas Wein.
„Ich hätte wetten können", rief er, als er lachend und mit einem leichten Kopfschütteln auf den Tisch zusteuerte.
„Der Wirt ist schuld, er hat uns genötigt", entgegnete der Schauspieler entschuldigend.
„Ich mache keinem einen Vorwurf, sofern ich auch einen Schluck bekomme."
„Selbstverständlich", sagte der Wirt. „Ich wollte übrigens gerade von der Ölspur erzählen."
Der Journalist nahm Platz, schilderte kurz, wo er in den vergangenen zwei Stunden überall gewesen und nicht gewesen war, erzählte vom Lazarus und vom Jochum und

Die Burgruine Ligist, in deren Innenhof immer wieder kulturelle Veranstaltungen stattfinden.

zückte schließlich Block und Stift. „Die Ölspur also, was auch immer das ist. Wir lauschen."

Die Ölspur nennt sich eine Vereinigung, die wahrlich weite Kreise durch die Weststeiermark zieht. Zehn Gemeinden umfasst sie, von Stainz, der nördlichsten, über Deutschlandsberg, St. Martin oder Wies bis hinunter nach Eibiswald. Dazu kommen vier Kernölmühlen. Die Ölmühle Herbersdorf in der Gemeinde Stainz, deren besondere Attraktion der über 500 Jahre alte Gewölbekeller ist. Als zweite die Ölmühle Hamlitsch aus dem Jahr 1928 in der Nähe des Deutschlandsberger Rathauses, dann die Ölmühle Leopold, ebenfalls in Deutschlandsberg, deren Kernöl im Jahr 2006 die damals erste vom *Gault Millau* durchgeführte Kernöl-Bewertung für sich entschied, und schließlich die Ölmühle Lorenz mit angeschlossenem Greißlerladen direkt an der Schwarzen Sulm in St. Martin im Sulmtal. Alles Betriebe, in denen man gern gesehener Gast ist, um Augenzeuge der Produktion zu sein oder diverse regionale Produkte, nicht nur vom Kürbis, vor Ort zu probieren.

„Die Gemeinden, die Mühlen und mehr als 20 offizielle Ölspur-Wirtshäuser, unseres eingeschlossen, verpflichten sich sozusagen, den Kürbis und das Kernöl zu hegen und zu pflegen und den Menschen noch näher zu bringen", erklärte Werner Goach.

„Wir haben sozusagen einen kulinarischen und kulturgeschichtlichen Auftrag." So gibt es eine Vielzahl kürbis-spezifischer Veranstaltungen wie das regelmäßige Kürbis-Festival im August, und für die sportlichen Weinlandbesucher auch noch einen jährlichen Ölspurlauf sowie einen 90 Kilometer langen Ölspur-Radwanderweg mit speziellen Ölspur-Erlebnispunkten.
Der Journalist hatte schon wieder Hummeln im Hintern. „Was hieltet ihr von einem Abstecher nach Stainz in den Gewölbekeller?"
Fotograf und Schauspieler runzelten offensichtlich wenig begeistert die Stirn. „Hast nicht du vorgeschlagen, diesen Tag zu schwänzen?"
„Auch wieder wahr ..."
Und nachdem uns der Wirt dann noch mit allerlei Tipps für den Mittwoch versorgt hatte, nahmen wir unsere Gläser, eine volle Flasche Sauvignon, eine große Karaffe Leitungswasser, schnappten uns drei Liegestühle, trugen sie auf die Wiese und schauten so lange in die glasklare Luft, bis diese allmählich dunkler und es abermals Abend wurde.

Marktgemeinde Ligist, www.ligist.at

Gasthaus Jochum
Greisdorf 4, 8511 St. Stefan ob Stainz, Tel. 03463/64 84, Fax 03463/320 84
E-Mail: gasthaus@jochum.at, www.gasthausjochum.at

Steirische Ölspur, Oberer Markt 3, 8551 Wies, Tel. 03465/70 38, 0664/121 550
Fax 03465/70 38-11, E-Mail: steirische@oelspur.at, www.oelspur.at

Weingut und Buschenschank Familie Lazarus, Langegg a. d. Schilcherstraße 20
8511 St. Stefan ob Stainz, Tel. 03463/62 00, Fax 03463/62 00-4
E-Mail: info@weingut-lazarus.at, www.weingut-lazarus.at

St. Stefan ob Stainz, www.st-stefan-stainz.at

Von Stainz nach Eibiswald oder: Wo wir nicht waren

Stainz mit seinem imposanten Schloss ist der Mittelpunkt der Weststeiermark schlechthin.

Wir waren recht brav und zurückhaltend am zweiten Jagawirtabend. Nicht, dass wir uns vorsätzlich kasteit hätten, etwas gegessen und getrunken haben wir sehr wohl, keine Frage. Aber wir waren trotzdem die ersten Gäste beim Frühstück, und dafür brauchte es für keinen von uns einen Wecker. Es reichte der Hahn im Morgengrauen. Es war sogar so früh, dass es für den Gastgarten noch deutlich zu frisch war an diesem Frühlingstag im Mai.

„So würd' ich gern jeden Tag aufwachen. Das Fenster offen, absolute Ruhe, die gesunde Luft und irgendwann ein Krähen", sagte der Journalist und führte die Gabel mit der Kernöleierspeis über die vor ihm ausgebreitete Straßenkarte zum Mund. Vorsichtig zwar, und dennoch landete ein Teil des morgendlichen Hochgenusses exakt auf Stainz und begrub auch noch das nähere Umland unter sich.

„Doch noch ein bisserl zittrig?", unkte der Fotograf.

„Nur ung'schickt."

„Tag fünf, unser letzter", meldete sich nun auch der Schauspieler zu Wort, nachdem er die Zeitung durchgeblättert und zur Seite gelegt hatte. „Ich würde sagen, wir brechen beizeiten auf und nehmen die vorletzte Etappe in Angriff."

„Die vorletzte?"

„Die Etappe runter nach Eibiswald. Die letzte ist dann die zurück zum Ausgangspunkt."

„Und wohin zuerst?", erkundigte sich der Fotograf.

„Zuerst in die Wein- und Sektmanufaktur Strohmeier bei St. Stefan ob Stainz. Dort haben sie nämlich etwas sehr Interessantes, wovon ich gern ein Flascherl zum Kosten mitnehmen würde – einen in Barrique ausgebauten Schilcher namens Letosá-Reserve. Eine *Vision von Schilcher*, wie Franz Strohmeier diesen Wein nennt, und angeblich eine absolute Rarität. Und dann fahren wir weiter nach Stainz", sagte der Journalist.

„Ich dachte, Stainz wäre verschüttet?"

„Peter …"

„Pardon."

Wein & Sektmanufaktur F. u. Ch. Strohmeier
Lestein 148, 8511 St. Stefan, Tel. 03463/802 35, Fax 03463/818 10
E-Mail: wein-sekt@strohmeier.at, www.strohmeier.at

Stainz war nicht verschüttet. Schon gar nicht von einer Kernöleierspeis-Lawine. Vielmehr lag Stainz überflutet im Tal. Überflutet von strahlendem Sonnenschein. Wir flanierten über den historischen Hauptplatz mit seinen Bürgerhäusern aus dem 16. und 17. Jahrhundert und gelangten wenig später über die Propst-Rosolenz-Stiege hinauf zum berühmten Schloss. „Das hat schon was …", zeigte sich der Journalist vom Arkadenhof beeindruckt.

„Wisst ihr eigentlich, dass die Stiftskirche des Schlosses wegen ihrer tollen Akustik längst zum fixen Veranstaltungsort im Rahmen der Styriarte geworden ist und Nikolaus Harnoncourt regelmäßig hier dirigiert?"

Fotograf und Journalist wussten es nicht. Und als der Journalist dann mit seinem Wissen beeindrucken wollte, wonach Erzherzog Johann das Schloss 1840 erwarb, er der erste frei gewählte Bürgermeister der Marktgemeinde war und dass es heute die so genannte Erzherzog-Johann-Wein-und-Kulturreise von Stainz über die Südsteiermark nach Slowenien gibt, da erntete er von den beiden anderen lediglich ein mildes Lächeln. Der Stainz-Prospekt lag beim Jagawirt offensichtlich auch in anderen Zimmern auf … Wir schlenderten weiter, genossen und schauten, und ohne es wirklich geplant zu haben, standen wir plötzlich wieder vor dem Auto. Der Fotograf klimperte mit dem

Das Stainzer Schloss

Gebrauchte Barriquefässer findet man im gesamten steirischen Weinland immer wieder zum Verkauf angeboten.

Schlüssel. „Und wohin darf ich die Herren nun chauffieren?"
„Nach Bad Gams, bitteschön."
Als die drei Genießer im Auto saßen, holte der Journalist seinen Block aus der Brusttasche, auf dem er die Tipps vom Jagawirt notiert hatte. „Wo wir jetzt schon wieder überall nicht waren …"
„Zum Beispiel?"
Und dann las er vor.
„Wir waren nicht im Jagdmuseum im Schloss, obwohl wir dran vorbeigegangen sind. Und meinem schlauen Büchlein entnehme ich: *Wirklichkeitsnah und lebendig werden die Zusammenhänge von Jagd, Wildökologie und Natur erklärt. Außerdem begreift das Museum die Jagd als historisches, soziologisches und philosophisch-ethisches Phänomen.* Sollen wir umdrehen?"
„Nicht nötig", befand der Schauspieler. „Über die Jagd kann ich euch auch allerhand erzählen."
„Im Stainzer Automobilmuseum und im Traktormuseum waren wir auch nicht."
„Was versäumen wir dort?"

Das Rathaus zu Stainz.

Weststeirische Weingärten so weit das Auge reicht.

„Moment, ich blättere. Also: *Mit über 250 Oldtimerraritäten ab Modell 1985 (Benz Patentmotorwagen) die umfangreichste Sammlung Österreichs. Die zwei Bugattis sind die einzigen Exemplare dieser Bauart weltweit. Auch den Benz 1917 und den Autovia 1938 gibt es nur einmal sowie einige Rolls Royce aus der Vorkriegszeit.*"
„Da versäumen wir allerdings tatsächlich allerhand. Und die Traktoren?"
„Nach dem, was ich hier so lese, ist dieses Museum weniger spektakulär. Einfach 80 alte, restaurierte Traktoren. Aber der Clou ist folgender: 40 davon kann man mieten und mit ihnen durch die Gegend tuckern. Und noch ein Museum gibt es. Das Feuerwehrmuseum in Groß St. Florian. Aber wenn wir diesen Umweg nicht machen, dann werden wir auch dort nicht gewesen sein."
Wir machten den Umweg nicht. Und so waren wir auch nicht an Bord des nach dem ehemaligen Wunderdoktor „Höllenhansl" (1866–1935) benannten „Flascherlzuges", obwohl diese zweistündige Reise mit der dampfbetriebenen Schmalspurbahn sicherlich ihren Reiz gehabt hätte, zumal sich in einem der bunten Waggone ein Schilcherausschank befindet.

Stainz, www.stainz.at; www.stainz.istsuper.com; www.schloss.stainz.at

Museen in Stainz, www.automobilmuseum-stainz.at, www.traktormuseum.at, www.feuerwehrmuseum.at

Wein- und Kulturreise, auf den Spuren Erzherzog Johanns von Stainz nach Maribor, www.weinkulturreise.at

Bahnerlebnis Steiermark, Jakoministraße 1, 8010 Graz, Tel. 0316/820 606 Fax 0316/820 606-82, www.bahnerlebnis.at

Nun also näherten wir uns Bad Gams am Fuße der Koralpe, einem Ort inmitten von Weinbergen und Kürbisfeldern, dem 1982 das Prädikat „Kurort" verliehen worden war. Das allerdings nicht, weil man dem Schilcher nachsagt, er würde über heilende Kräfte verfügen, sondern wegen der hier sprudelnden eisenhaltigen Wasserquellen. Derentwegen waren wir allerdings nicht hier, auch nicht wegen der ortsansässigen Töpferei oder der Weberei. Der Jagawirt hatte uns vom Ausblick vorgeschwärmt, den man von der Weinbergwarte aus haben würde. Und der war den Zwischenstopp dann allemal wert.

Bad Gams, www.bad-gams.at

Der Schauspieler hatte sich beim Frühstück offenbar zu sehr zurückgehalten. „Wo werden wir denn heute eine Kleinigkeit zu uns nehmen?", wollte er wissen, als wir von Bad Gams nach Deutschlandsberg gondelten.
Der Journalist tat überrascht. „Hast du ernsthaft jetzt schon Hunger?"
„Appetit", sagte der Schauspieler, „Appetit". Und der Fotograf schloss sich an. „Eine Kleinigkeit wär' fürwahr kein Fehler."
Wir wurden rasch fündig, denn mitten auf dem lang gestreckten Hauptplatz von Deutschlandsberg stach uns der Gasthof Kollar-Göbl ins Auge. Und wenn, wie in diesem Fall, dem Wirtshaus eine eigene Fleischerei angeschlossen ist, kann in Wahrheit nicht mehr viel schief gehen.
Nichts ging schief, rein gar nichts, sogar Emilia bekam einen Knochen. Und aus der angedachten Kleinigkeit wurde ein durchaus opulentes Mahl in einem Wirtshaus, das an dieser Stelle guten Gewissens empfohlen sein will.
„Und jetzt hätte ich gern den Liegestuhl von gestern Nachmittag", sagte der Schauspieler, als wir nach dem Essen abermals über den Platz spazierten.
„Jetzt, lieber Freund, fahren wir weiter nach Schwanberg. Und dann über Wies nach Eibiswald."

Eine Quittenplantage, Basis u. a. für hochinteressante Edelbrände.

„Und in Schwanberg gibt es einen Liegestuhl?"
„Nein. Zumindest nicht für dich."
In Schwanberg gibt es das Greißlermuseum. Und das ist ein Muss nicht nur für all jene, die sich dieses einstige Stück ländlicher Identität noch einmal in Erinnerung rufen wollen. Auch der Schauspieler fühlte sich für Momente an seine sehr frühe Kindheit mit der Großmutter in Großklein zurückversetzt und vergaß jegliche Liegestuhl-Ambitionen. Und wer nicht nur schauen, sondern auch Möbel, Töpfe, Lampen, Gläser oder Tonwaren kaufen möchte, der wird in dem ans Museum angeschlossenen Antiquitätenhandel vermutlich fündig werden.

Kollar-Göbl, Hauptplatz 10, 8530 Deutschlandsberg, Tel. 03462/26 42
Fax 03462/26 42-15, E-Mail: kollar.goebl@aon.at, www.kollar-goebl.at

Gemeinde Schwanberg, www.schwanberg.at

Vorbei an Wies, vorbei also auch an dem zu Recht weithin bekannten Schnapsbrenner Johann Jöbstl, der sich inzwischen aber auch längst dem Schilcher zugewandt hat,

West
Steier
mark

näherten wir uns dem Zielpunkt unserer vorletzten Etappe – Eibiswald, von Slowenien nur durch den Radlpass getrennt. Und dort steuerten wir auf Empfehlung des Journalisten sogleich das Lerchhaus an, das älteste in seiner ursprünglichen Form erhalten gebliebene Markthaus aus dem 16. Jahrhundert.

„Nicht, dass ich das Lerchhaus schwänzen möchte, schließlich kenne ich es ja noch gar nicht, aber was machen wir dort?", erkundigte sich der Fotograf.

„Einkaufen", sagte der Journalist. „Im Lerchhaus gibt es den Schilcherkeller mit einer breit gefächerten Palette an bestem Schilcher aus der Region. Ich weiß zwar noch nicht, ob ich wirklich auf den Geschmack gekommen bin, aber ich möchte mir zumindest die Chance zum Weiterkosten geben."

„Kein schlechter Gedanke", befanden die anderen. Und glücklicherweise war im Kofferraum seit Montag ja wieder Platz für den einen oder anderen Karton.

Und für den Hund.

Brennerei Jöbstl, Am Schilcherberg, 8551 Wernersdorf/Wies
Tel. 03466/423 79-0, Fax 03466/423 79-3
E-Mail: info@brennerei-joebstl.at, info@joebstl.at, www.brennerei-joebstl.at

Marktgemeinde Eibiswald, www.eibiswald.istsuper.com

Augen zu und durch – es schließt sich der Kreis

Der Fotograf ließ den Motor an. „Und jetzt?"

„Jetzt fahren wir so zurück, wie wir nicht hergefahren sind", sagte der Schauspieler.

Wenig später begrüßte uns die Ortstafel von Arnfels, kurz danach sagte Leutschach „Guten Tag", der Ausgangspunkt der Südsteirischen Weinstraße aus westlicher Richtung.

„Das halte ich jetzt ehrlich gesagt nicht wirklich aus …", sagte der Journalist und bemühte sich um einen dramatischen Unterton.

Der Schauspieler, der wie immer auf dem Beifahrersitz saß, drehte sich um. „Wie meinst du das?"

„Jetzt einfach tatenlos durch die Südsteiermark durchfahren und nicht gleich ein paar Tage hier bleiben, nur weil du ab morgen irgendwo irgendwelche Dreharbeiten und danach in Salzburg Bühnenproben hast. Das grenzt an Quälerei."

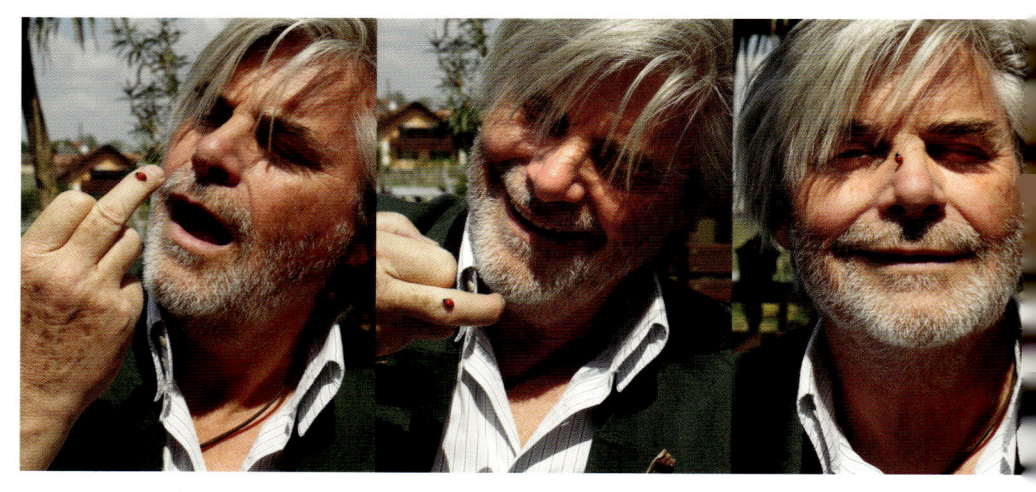

„Augen zu und durch, mein Lieber. Lass mich ein bisschen arbeiten, lass mich den Sommer über bei den Festspielen den *Jedermann* spielen, und im Herbst sehen wir uns in der Südsteiermark wieder."

„Es fällt mir schwer, aber ich muss mich wohl beugen."

„Kehren wir unterwegs doch einfach irgendwo ein", bemühte sich der Fotograf um einen Kompromiss.

Der Journalist schaltete auf stur. „Nein. Entweder ganz oder gar nicht."

„Da bin ich bei ihm", sagte der Schauspieler. „Außerdem ist Vorfreude bekanntlich eine der schönsten."

Emilia war es egal, die schlief.

Wir absolvierten die Strecke zwischen Leutschach und Spielberg wenn schon nicht ganz emotionslos, so doch ziemlich rasch, gönnten uns zwischendurch ein paar durchaus lechzende Seitenblicke auf Buschenschanken links und rechts am Straßenrand, machten uns in Gedanken Notizen für den kommenden Herbst und erreichten spätestens in Mureck rettendes oststeirisches Ufer. In einer Gegend also, in der wir schon gewesen waren. Von dort aus ging es weiter in Richtung Osten nach Unterpulka und schließlich gen Norden über Bad Gleichenberg, Feldbach und Riegersburg auf direktem Weg nach Ziegenberg nahe Markt Hartmannsdorf, wo das Häuschen des Schauspielers in der späten Nachmittagssonne auf uns wartete.

Der Maibaum in Nachbar Ewalds Garten war schon von weitem zu sehen.

„Ich glaube, ich habe am Montag die Espressotassen im Garten stehen lassen", sagte der Schauspieler beim Aussteigen.

„Und wenn schon", sagte der Journalist, „ich hätte jetzt ohnehin lieber ein Achtel". Kurz darauf saßen wir wieder am Tisch unter dem großen Baum. Dort also, wo unser kleiner Ausflug wenige Tage zuvor begonnen hatte. Es schloss sich der Kreis.

„Zum Wohl!"
„Zum Wohl!"
„Zum Wohl!"

Erst noch ein Schluck Wein und dann eine Sondervorstellung mit einem Marienkäfer als Bühnenpartner.

Und wie es dann im Herbst in der Südsteiermark war, das haben Sie bereits gelesen.

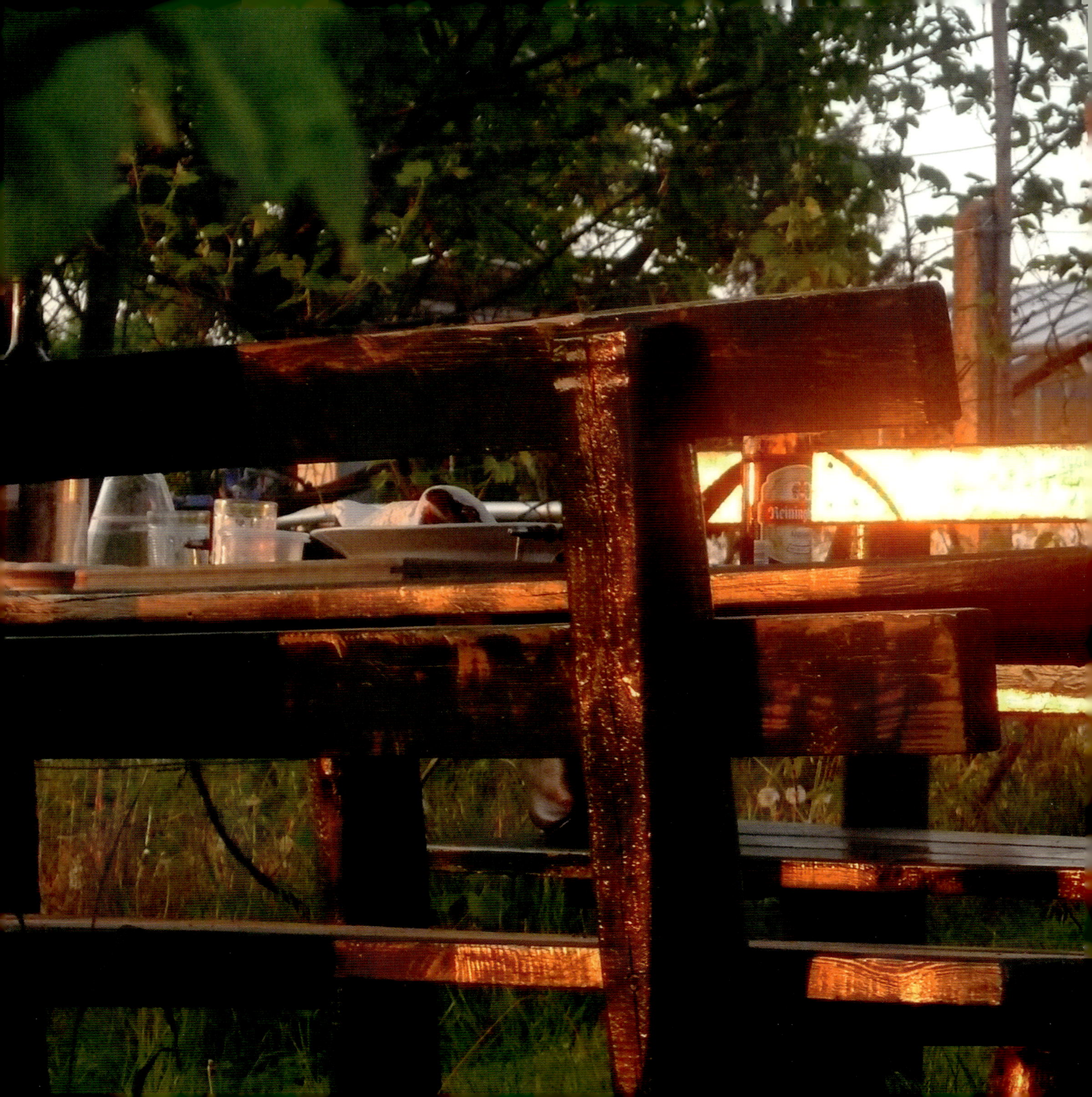

Die Autoren

Achim Schneyder
1966 in Salzburg geboren, ursprünglich Sportjournalist, später leitender Redakteur (u. a. Chefredakteur von „täglich alles" und des „Kurier am Sonntag"), seit 2007 in der Wiener Redaktion der „Kleinen Zeitung". 2006 erschien sein Buch „Toni Polster – ein Leben in 90 Minuten".

Peter Simonischek
1946 in Graz geboren, studierte nach der Matura Architektur, begann parallel dazu eine Ausbildung zum Zahntechniker, ehe er sich doch für die Schauspielerei entschied. Von 1979 bis 1999 war Peter Simonischek Ensemblemitglied der Berliner Schaubühne, seither ist er am Wiener Burgtheater engagiert.

Der Fotograf
Kurt-Michael Westermann
geboren 1951, renommierter Bildjournalist für internationale Magazine, hat viel beachtete und prämierte Bildbände veröffentlicht; für den Pichler Verlag fotografierte er zuletzt das „Kind-geht-aus-dem-Haus-Kochbuch", „Die oberösterreichische Küche", „Süßes aus dem Sacher" und „Der österreichische Wein".

Bildnachweis

Alois Gölles: 169, 170, 171
Anton Gumpl: 86
Archiv Gutsverwaltung Riegersburg: 127, 128, 130
Archiv Styria Verlag: 154 (oben), 155
Bernhard Bergmann: 172 (unten)
Destillerie Weutz: 68
Gerhard Edelsbrunner: 142, 143, 144, 145
Hans Gutjahr: 76 (li. oben)
Herbert Lehmann: 166, 167, 168
Josef Krobath: 76 (li. unten u. rechts)
LMJ Lackner: 192
Marktgemeinde Ligist: 189
Marktgemeinschaft Steirischer Wein: 51, 52
Mirjam Winkler: 74
Norbert Hutter: 89
Norbert Tutschek: 78 (re.), 82, 129, 180, 193, 194, 195
Peter Ramsbacher: 172 (oben)
Thomas Kunz: 18 (li.), 19, 22, 66 (re.)
TourismusKompetenzZentrum Straden: 151, 152
Tourismusverband Bad Radkersburg: 131, 132, 133
Tourismusverband Schilcherheimat: 7, 181
Walter Schneider: 173
Weingut, Feste & Kulturerlebnis · Schloss Gamlitz – Familie Melcher: 61
Weingut Heinrich: 154 (unten)
Weingut Hirsch: 83 (re. oben)
Weingut Sattlerhof: 83 (re. unten)
Werbeagentur Geografik, Brünner & Partner: 5, 6, 7
Werner Goach: 176, 177, 178, 182, 184, 186, 187, 188
Wolfgang Pohl: 70 (li. u. oben), 71 (oben)

Alle übrigen Fotos stammen von Kurt-Michael Westermann.

Die Autoren und der Verlag bedanken sich für die freundlichen Abdruckgenehmigungen. Die Rechtslage bezüglich der reproduzierten Bildvorlagen wurde – soweit möglich – sorgfältig geprüft. Eventuelle berechtigte Ansprüche werden bei Nachweis vom Verlag in angemessener Weise abgegolten.